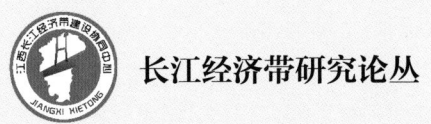

长江经济带研究论丛

长江中游城市群一体化及江西省融入路径研究

——基于赣鄂湘发展战略比较视角

URBAN AGGLOMERATION INTEGRATION OF THE MIDDLE REACHES OF
THE YANGTZE RIVER AND THE DEVELOPMENT PATH OF JIANGXI PROVINCE
BASED ON THE PERSPECTIVE OF THE COMPARISON OF REGIONAL DEVELOPMENT STRATEGIES BETWEEN
JIANGXI,HUBEI,HUNAN

李汝资　刘耀彬　著

摘　要

长江中游城市群是以武汉城市圈、环长株潭城市群、环鄱阳湖城市群为主体形成的特大型城市群，是长江经济带的重要组成部分，也是实施促进中部地区崛起战略、全方位深化改革开放和推进新型城镇化的重点区域，在我国区域发展格局中占有重要地位。城市群一体化发展是发挥城市群功能的重要基础，目前长江中游城市群仍处于起步和成长阶段，基础设施一体化建设已取得一定进展，但市场、环境、社会保障体系等方面仍然薄弱。更重要的是，城市群分割现象严重，使得江西省处于长江中游城市群中相对劣势的位置。因此，科学判别长江中游城市群一体化程度及城市群各组分面临的重要机遇与障碍，并基于此重点探讨江西省环鄱阳湖城市群在长江中游城市群内所处位置、发展潜力与所占份额，据此提出江西省融入长江中游城市群一体化发展的路径与建议，具有重要意义。

为此，本书通过梳理当前城市群一体化研究相关理论与文献，运用价格法、熵值法、变异系数、动态偏离–份额等方法与模型，对长江中游城市群一体化程度及各组分的潜力与份额进行研究，并运用SWOT分析方法探讨江西省融入长江中游城市群的机遇、挑战、优势、劣势等，在借鉴长江三角洲一体化发展经验的基础上，结合江西省经济社会发展实际，提出江西省融入长江中游城市群一体化的路径与政策建议。本书主要内容如下。

第一章是绪论。阐明长江中游城市群一体化发展的研究背景和意义，阐述本书的研究目标与内容、研究的基本观点与重难点、研究的思路与方法,并提出本书的特色和创新之处。

第二章是文献综述与理论基础。在对城市群一体化概念与内涵、动力机制、实现途径及测度方法等相关文献系统梳理的基础上,提出现有研究的不足和发展趋势。最后提出城市群一体化发展的理论基础。分别从区位理论、区域发展阶段理论、区域非均衡发展理论及区域分工理论等方面,阐述了其对城市群一体化发展的基础理论支撑作用。

第三章是长江中游城市群一体化发展现状与格局。一方面,通过建立长江中游城市群一体化发展总体指标体系,从市场、产业分工、基础设施、城乡统筹、生态环境、社会发展与保障等方面对长江中游城市群一体化进行初步分析。另一方面,在上述指标基础上,对各指标进行分类研究,以探求长江中游城市群不同类别的一体化趋势与格局,特别是环鄱阳湖城市群的一体化进程及其融入长江中游城市群的程度。

第四章是赣鄂湘融入长江中游城市群一体化的份额与潜力。进一步从产业层面探讨长江中游城市群各组成部分的份额与竞争潜力,本书采用动态偏离-份额方法分别分析各研究区在长江中游城市群一体化发展中的份额与潜力,特别是找到江西省及环鄱阳湖城市群在长江中游城市群一体化发展中的竞争潜力与劣势。

第五章是赣鄂湘融入长江中游城市群一体化实施战略比较。针对赣鄂湘三省在长江中游城市群一体化发展中的竞争潜力与份额差异,不同省份对此出台并实施了一系列具有差别化的战略措施,以发挥区域优长、弥补区域短板。为此,本章对赣鄂湘三省融入长江中游城市群一体化发展实施的重点战略进行系统梳理,并特别对江西省融入长江中游城市群一体化发展的机遇、挑战、优势、劣势等进行分析。

第六章是赣鄂湘融入长江中游城市群一体化的障碍比较。武汉城市圈、环长株潭城市群、环鄱阳湖城市群三大区域地理位置毗邻,自然气候因素相近,文化相近,自古以来经济交往密切,成为两者合作的有效基础。但是在此基础上却孕育着趋同的产业结构，城市功能定位大体相似等因素制约了三省的合作交流，因此分析赣鄂湘融入长江中游城市群一体化发展战略的关键障碍显得尤为重要。通过赣鄂湘融入城市群的关键发展障碍对比，可更加清楚地认识各省特别是江西省发展之不足，为更好地借鉴发达地区成功经验提供依据。

第七章是苏浙沪融入长三角一体化战略的经验借鉴。"他山之石可以攻玉"，长三角作为目前我国一体化程度最高的区域之一，探索出了具有重要参考价值的一体化发展道路。为此，本章对苏浙沪融入长三角一体化战略的经验措施进行系统分析，结合赣鄂湘融入长江中游城市群一体化存在的障碍问题，可更好地为赣鄂湘特别是江西省融入长江中游城市群一体化发展提供参考。

第八章是江西省融入长江中游城市群的路径与政策建议。在前述研究分析基础上，基于长江中游城市群一体化发展的事实及江西省面临的机遇和挑战，本章在提出江西省融入长江中游城市群一体化发展的基本原则基础上，指出江西省融入城市群发展的基本路径，最后从规划对接、完善机制等方面为江西省融入长江中游城市群一体化发展提供政策建议参考。

目　　录

第一章　绪论 ………………………………………………………… 1
  一　研究背景与研究意义 ………………………………………… 1
  二　研究目标和研究内容 ………………………………………… 7
  三　研究重点与难点 …………………………………………… 10
  四　研究思路与方法 …………………………………………… 11
  五　主要特色及创新之处 ……………………………………… 14

第二章　文献综述与理论基础 …………………………………… 16
  一　城市群一体化发展相关研究综述 ………………………… 16
  二　长江中游城市群的相关研究 ……………………………… 26
  三　相关研究述评 ……………………………………………… 28
  四　城市群一体化发展的理论基础 …………………………… 30
  本章小结 ………………………………………………………… 38

第三章　长江中游城市群一体化发展现状与格局 ……………… 40
  一　长江中游城市群一体化发展总体格局 …………………… 40
  二　区域市场一体化 …………………………………………… 45
  三　区域性产业分工一体化 …………………………………… 52
  四　基础设施一体化 …………………………………………… 60

五　生态环境一体化……………………………………………… 65
　　六　社会发展与保障体系建设一体化…………………………… 70
　　七　城乡统筹与城乡建设一体化………………………………… 74
　　本章小结……………………………………………………………… 86

第四章　赣鄂湘融入长江中游城市群一体化的份额与潜力………… 88
　　一　研究方法与数据来源………………………………………… 88
　　二　总体概况：基于赣鄂湘竞争份额与潜力判断……………… 90
　　三　长江中游城市群总体竞争份额与潜力……………………… 99
　　四　长江中游城市群分产业竞争份额与潜力…………………… 100

第五章　赣鄂湘融入长江中游城市群一体化实施战略比较………… 105
　　一　赣鄂湘融入长江中游城市群一体化发展战略重点………… 105
　　二　江西省融入长江中游城市群一体化的 SWOT 分析………… 109

第六章　赣鄂湘融入长江中游城市群一体化的障碍比较…………… 126
　　一　湖北省融入长江中游城市群一体化的障碍分析…………… 126
　　二　湖南省融入长江中游城市群一体化的障碍分析…………… 129
　　三　江西省融入长江中游城市群一体化的障碍分析…………… 131
　　四　融入长江中游城市群的共同障碍问题……………………… 132

第七章　苏浙沪融入长三角一体化战略的经验借鉴………………… 135
　　一　苏浙沪融入长三角一体化的重要政策措施………………… 136
　　二　对长江中游城市群一体化的重要启示……………………… 143

第八章　江西省融入长江中游城市群的路径与政策建议…………… 146
　　一　江西省融入长江中游城市群的基本原则…………………… 146

二　江西省融入长江中游城市群一体化的路径 …………………… 148

三　江西省融入长江中游城市群一体化的政策建议 ……………… 160

参考文献 ……………………………………………………………… 164

附　录 ………………………………………………………………… 173

后　记 ………………………………………………………………… 178

第一章 绪论

一 研究背景与研究意义

(一) 研究背景

1. 长江中游城市群概况

长江中游城市群是以武汉城市圈、环长株潭城市群、环鄱阳湖城市群为主体形成的特大型城市群,规划范围包括:湖北省武汉市、黄石市、鄂州市、黄冈市、孝感市、咸宁市、仙桃市、潜江市、天门市、襄阳市、宜昌市、荆州市、荆门市,湖南省长沙市、株洲市、湘潭市、岳阳市、益阳市、常德市、衡阳市、娄底市,江西省南昌市、九江市、景德镇市、鹰潭市、新余市、宜春市、萍乡市、上饶市及抚州市、吉安市的部分县(区),[①] 土地面积约31.7万平方公里,2014年实现地区生产总值6万亿元,年末总人口1.21亿人,分别约占全国的3.3%、8.8%、8.8%。长江中游城市群承东启西、连南接北,是长江经济带的重要组成部分,也

[①] 《长江中游城市群发展规划》,国家发展和改革委员会网站,http://www.sdpc.gov.cn/zcfb/zcfbtz/201504/t20150416_688229.html。

是实施促进中部地区崛起战略、全方位深化改革开放和推进新型城镇化的重点区域，在我国区域发展格局中占有重要地位。

2. 长江中游城市群一体化发展的客观环境

（1）历史渊源深厚

长江中游城市群山水相连、人文相亲，自古以来就有着特殊的文化渊源，经贸往来非常密切，具有发展成为跨区域特大型城市群的深厚历史基础。

（2）区位条件优越

长江中游城市群临江达海，经济腹地广阔，拥有一批现代化港口群、区域性枢纽机场以及铁路、公路交通干线，基本形成了密集的立体化交通网络，综合交通枢纽建设取得积极进展，在全国综合交通网络中具有重要的战略地位。

（3）经济基础较优

长江中游城市群人口众多、资源丰富，农业特别是粮食生产优势明显，工业门类较为齐全，形成了以装备制造、汽车及交通运输设备制造、航空、冶金、石油化工、家电等为主导的现代产业体系，战略性新兴产业和服务业发展迅速。

（4）资源禀赋丰富

首先是自然资源储量丰富。长江中游城市群地处亚热带季风气候，山水田园相依，森林覆盖率高达60%，降水量在800到1000毫米以上，河网密集而均匀，森林资源、水资源丰富。同时，由于特殊的地质构造环境，长江中游城市群成矿条件优越，矿产种类丰富，主要矿产资源分布集中。特别是有色金属、贵金属、稀有稀土金属矿产资源优势明显。

其次是科教事业发展迅速。长江中游城市群不仅自然资源储量丰富，而且其科教事业对经济发展的贡献也越来越突出。特别是以武汉、长沙、南昌为核心的高水平高校、科研院所、国家重点实验室等发展迅速，产研融合、校企合作优势越发明显，为长江中游城市群实现创新驱动发展奠定了良好基础。

（5）城镇化基础良好

以武汉、长沙、南昌为中心的武汉城市圈、环长株潭城市群、环鄱阳湖城市群发展迅速，形成了一批各具特色的中小城市和小城镇，生态环境容量较大，城乡区域发展趋于协调，2014年常住人口城镇化率超过55%。

（6）合作交流密切

目前区域内跨省交流合作平台已达30多个，自2012年初签订长江中游城市群战略合作框架协议以来，基础设施、产业、市场、社会事业等重点领域合作迅速展开，各省会城市先后签署了《武汉共识》《长沙宣言》等协议，咸（宁）岳（阳）九（江）小三角、九江与黄冈跨江跨区合作开发、新（余）宜（春）萍（乡）与长株潭合作等重点地区一体化发展积极推进。

3. 长江经济带建设是加快长江中游城市群发展的必要途径

长江经济带位处国土中心，横贯东西、连接南北，资源丰富、经济发达，客观上具有缩小东中西差距的物质基础，将成为推动全国经济东中西联动和全面振兴的最佳战略区。通过建设长江经济带，构建沿海与中西部地区相互支撑、良性互动的新格局，让长三角经济区、长江中游城市群和成渝经济区三大"板块"的产业发展和基础设施连接起来、要素流动起来、市场统一起来，促进产业有序转移衔接、优化升级和新型城镇集聚发展，缩小地区差距和城乡差距，是我国实现中华民族伟大复兴的重大战略布局。

长江中游城市群汇集了中部地区大量的人口和产业，是中部地区主要的城市集聚区之一，是支撑中部地区经济持续快速增长的主导地区，在我国未来空间开发格局中呼应长江三角洲和珠江三角洲，是国家规划重点地区和我国经济"第四"增长极。长江中游城市群是长经济带建设的重要载体和支撑,是长江经济带建设的重要区域,长江经济带的建设有利于长江中游城市群和中部地区实现更好更快发展。通过长江经济带的建设,可快速集聚生产要素,构建起强大的产业集群和城市集群,有效承接沿海地区产业转移,快速增强城市的集聚辐射功能,有助于发挥长江中游城市群承东启西的区位优势,利用长江流域的巨大交通便利,增强长江中游城市群整体竞争力,在国家发展大格局、特别是中部崛起战略中,成为中部地区具有强大集聚作用和辐射作用的核心增长极,是加快实现中部崛起的必要途径。因此,长江经济带建设,不仅符合区域经济又好又快发展的需要,而且符合各个经济板块不同的发展要求,特别是有利于把中部地区城市群作为经济主体加以整合,实现长江中游城市群建设中的产城融合,实现区域发展格局的创新和升华。

4. 长江中游城市群一体化建设为江西省绿色崛起提供重大机遇

城市群的发展对实现国土空间功能分工,提高资源利用效率,起着重要的作用。近年来我国逐步加快了城市群发展的步伐,国家级城市群规划的空间范围逐步由沿海地区向中西部地区发展。在"十一五"规划中,中央明确了京津冀、长三角、珠三角三大城市群的部署,2015年1月成渝城市群入选国家级城市群,同年4月国务院批复了《长江中游城市群发展规划》,正式确立构建长江中游城市群。在经济全球化和区域经济一体化加速发展、我国发展进入新常态、改革进入攻坚期和深水区的大背景下,推进长江中游城市群发展,有利于跨区域整合优化资源要素,探索城市群合作发展的新路径和新模式,培育形成全国重要的经济增长极,引领和带动中部地区加快崛起;有利于深化长江流域经济合作和开放开发,形成良性互动、合作共赢的发展格局,协同打造中国经济新支撑带。

江西省作为长江中游城市群重要组成部分,融入长江中游城市群一体化对其既是一次千载难逢的历史机遇,也是一次十分严峻的时代考验。江西省可充分发挥自身优势，打破行政区划的限制，消除行政壁垒和地方保护主义，与同处长江中游城市群的湖北、湖南两省合作共赢，提高自身经济发展水平和经济影响力。通过推动资金、人才、技术等要素的自由流动，引导人口和产业合理集聚转移，培育和发展优势产业，建设跨区域互补型产业基地；完善交通基础设施，进一步建设沟通沿江区域的交通网络，使得区域之间的联系更为密切和紧密；沿江经济带的建设能进一步促进环鄱阳湖城市群的建设，完善江西省城市体系与空间布局，发挥城市群对经济腹地的拉动作用；建立区域合作的生态环境保护机制，与武汉城市圈、环长株潭城市群一起，走绿色崛起的发展道路，构建区域生态经济发展新模式。江西省必须紧紧抓住这次难得的发展时机，乘势而上，从根本上改变相对落后的局面，成为长江经济巨龙中的重要一环，实现富裕和谐秀美的"江西梦"。

（二）研究意义

1. 为长江中游城市群一体化融合模式和分工方式选择提供科学依据

2014 年国务院发布《国家新型城镇化规划（2014 – 2020 年）》，长江中游城市群被定位为"推动国土空间均衡开发、引领中部地区甚至全国经济发展的重要增长极"。长江中游城市群各城市之间组团发展将促使生产要素在更大的空间范围内优化配置，着力提高生产力，对促进中部地区的发展乃至辐射全国经济的发展起到至关重要的作用。然而，长江中游城市群目前仅处于规划成长期，要达到上述未来愿景，重点和难点是如何让城市群中各个单元城市能够实现一体化发展和协同发展。这就需要在分析赣鄂湘融入长江中游城市群一体化的条件和现状的基础上，对赣鄂湘融入长江中游城市群一体化发展的战略关键障碍进行识别，确立长江中游城市群一体化的融合模式。

2. 为提出江西省融入长江中游城市群的原则、融入模式及政策提供思路

长江中游城市群规划提出较晚，仅从 2012 年才正式进入启动和建设阶段，因而目前对长江中游城市群一体化发展相关研究较少。针对赣鄂湘三省在产业结构、商品、市场、生产要素层面，尤其是在城市群，重点城市发展情况层面，纵观已有研究，尚无清晰细致的探讨。而赣鄂湘三省各自的比较优势是什么，存在哪些合作竞争关系；融入的关键障碍是什么；已有的相关政策规划是什么，这些政策规划是相得益彰还是互相矛盾。这些问题也尚无深入研究。通过本研究将初步摸清上述情况。

虽然长江中部城市群规划的提出，为江西省带来了一个重大的发展契机和平台。但由于国家财力有限，所以每个重大决策和政策都是以点带面。在与经济实力相对较强的湖南、湖北争夺长江中游城市群这块大蛋糕时，江西省作为经济发展相对滞后的省份，只有在充分挖掘比较优势，挖掘自身潜力，识别关键障碍的基础上，制定出切合实际的融入模式、路径和政策，才能使江西省更快地融入长江中游城市群一体化中，并在长江中部城市群的规划、形成、成熟的各阶段谋求最大发展，利用此契机实现后发优势。

3. 推进中西部地区政府主导型城市群一体化建设理论创新研究

作为我国中部跨区域一体化发展的典型，长江中游城市群代表了一类城市群的发展，即经济基础较薄弱、市场发育程度较低、一体化程度不高。在这样的宏观背景下进行城市群一体化实践，需要不同于以往的理论。在城市群上升为国家战略的宏观背景下，需要通过解决省内区域合作以及多中心结构城市群的一体化等问题寻找突破口。当前，与长江中游城市群类似的城市群逐步崛起，包括中原城市群、川渝城市群、关中城市群等在内的多个城市群都将面临一体化发展的区域协调问题，因而针对以长江中游城市群为代表的一类城市群的研究可以对城市群和区域一体化理论有所贡献。

二 研究目标和研究内容

（一）研究目标

1. 实践应用目标

国务院编制的《长江中游城市群发展规划》中，对长江中游城市群提出了中国经济新增长极、中西部新型城镇化先行区、内陆开放合作示范区、"两型"社会建设引领区的战略定位，并提出了城乡统筹发展、基础设施互联互通、产业协同发展、生态文明共建、公共服务共享和深化开放合作的六大战略。从整体布局来看，赣鄂湘融入长江中游城市群一体化将从以上六个方面着手，成为研究长江中游城市群一体化的主要方向之一。

（1）希望通过这一研究准确把握赣鄂湘融入长江中游城市群一体化的条件和现状，科学回答江西省融入长江中游城市群一体化的优势和机遇。

（2）希望通过这一研究探索江西省融入长江中游城市群一体化的特殊性，探讨江西省融入长江中游城市群一体化的战略定位和战略构成。

2. 服务决策目标

从服务决策视角，本研究主要是为了回答江西省委、省政府关注的江西省融入长江中游城市群一体化的发展思路和对策问题。

（1）希望通过这一研究提出江西省融入长江中游城市群一体化的发展思路，为政府部门调整全省区域战略空间规划提供决策依据。

（2）希望通过这一研究提出江西省融入长江中游城市群一体化的政策措施，为江西省融入长江中游城市群一体化的政策保障系统改革提供决策依据。

3. 理论创新目标

本研究主要是为了满足长江中游城市群一体化发展理论和实践的迫切需要而提出的。

（1）希望通过这一研究较为完整地揭示长江中游城市群在中国经济转型升级中的地位和作用，以发挥其积极效应，克服其弊端，使其成为我国经济新增长极，并与长三角城市群、珠三角城市群等发展相衔接。

（2）希望通过这一研究把握长江中游城市群一体化内涵，形成长江中游城市群一体化区域协调研究的框架体系，丰富长江中游城市群一体化理论研究内容。

（二）研究内容

全文共分八章，主要包括内容如下。

第一章是绪论。阐明长江中游城市群一体化发展的研究背景和意义，阐述本书的研究目标与内容、研究的基本观点与重难点、研究的思路与方法，并提出本书的特色和创新之处。

第二章是文献综述与理论基础。在对城市群一体化概念与内涵、动力机制、实现途径及测度方法等相关文献系统梳理的基础上，提出现有研究的不足和发展趋势。最后提出城市群一体化发展的理论基础。分别从区位理论、区域发展阶段理论、区域非均衡发展理论及区域分工理论等方面，阐述了其对城市群一体化发展的基础理论支撑作用。

第三章是长江中游城市群一体化发展现状与格局。一方面，通过建立长江中游城市群一体化发展总体指标体系，从市场、产业分工、基础设施、城乡统筹、生态环境、社会发展与保障等方面对长江中游城市群一体化进行初步分析。另一方面，在上述指标基础上，对各指标进行分类研究，以探求长江中游城市群不同类别的一体化趋势与格局，特别是环鄱阳湖城市群的一体化进程及其融入长江中游城市群的程度。

第四章是赣鄂湘融入长江中游城市群一体化的份额与潜力。进一步从产业层面探讨长江中游城市群各组成部分的份额与竞争潜力,本书采用动态偏离-份额方法分别分析各研究区在长江中游城市群一体化发展中的份额与潜力,特别是找到江西省及环鄱阳湖城市群在长江中游城市群一体化发展中的竞争潜力与劣势。

第五章是赣鄂湘融入长江中游城市群一体化实施战略比较。针对赣鄂湘三省在长江中游城市群一体化发展中的竞争潜力与份额差异,不同省份对此出台并实施了一系列具有差别化的战略措施,以发挥区域优势、弥补区域短板。为此,本章对赣鄂湘三省融入长江中游城市群一体化发展实施的重点战略进行系统梳理,并特别对江西省融入长江中游城市群一体化发展的机遇、挑战、优势、劣势等进行分析。

第六章是赣鄂湘融入长江中游城市群一体化的障碍比较。武汉城市圈、环长株潭城市群、环鄱阳湖城市群三大区域地理位置毗邻,自然气候因素相近,文化相近,自古以来经济交往密切,成为两者合作的有效基础。但是在此基础上却孕育着趋同的产业结构,城市功能定位大体相似等因素制约了三省的合作交流,因此分析赣鄂湘融入长江中游城市群一体化发展战略的关键障碍显得尤为重要。通过对比赣鄂湘融入城市群的关键发展障碍,可更加清楚地认识各省特别是江西省发展之不足,为更好地借鉴发达地区成功经验提供依据。

第七章是苏浙沪融入长三角一体化战略的经验借鉴。"他山之石可以攻玉",长三角作为目前我国一体化程度最高的区域,探索出了具有重要参考价值的一体化发展道路。为此,本章对苏浙沪融入长三角一体化战略的经验措施进行系统分析,结合赣鄂湘融入长江中游城市群一体化存在的障碍问题,可更好地为赣鄂湘特别是江西省融入长江中游城市群一体化发展提供参考。

第八章是江西省融入长江中游城市群的路径与政策建议。在前述研究分析基础上,基于长江中游城市群一体化发展的事实及江西省面临的机遇和挑战,本章在提出江西省融入长江中游城市群一体化发展的基本原则基础上，指出江西省融入城市群发展的基本路径，最后从规划对接、完善机制等方面为江西省融入长江中游城市群一体化发展提供政策建议参考。

三　研究重点与难点

（一）研究重点

1. 提出赣鄂湘融入长江中游城市群一体化的战略比较

这是本书的核心问题，也是能否实现本书研究总体目标最为关键的一个问题。赣鄂湘融入长江中游城市群一体化发展战略分别实施何种发展战略与具体措施？战略实施中又分别面临何种关键障碍？江西省在其中扮演着什么样的角色，要怎样找准自己的目标定位？这些问题都是无法简单地进行界定的，而是要通过大量的定性和定量分析，在比较研究过程中给出答案。

2. 提出江西省融入长江中游城市群一体化发展战略的对策建议

这一问题是本书的终极目标所在，也是必须解决的重点问题。在国务院批复同意《长江中游城市群发展规划》，赣鄂湘融入长江中游城市群一体化的背景下，江西省应该怎样抓住机会进行发展是当下迫切需要解决的问题。江西省融入长江中游城市群一体化发展战略应该有什么样的原则？对公共政策应该有什么样的评估依据？具体的发展措施应该是什么？本部分属于规范研究，要注重政策的适用性和可行性。

（二）研究难点

（1）构建基于层次分析法的现状评价模型，从市场一体化、产业一体化、行政一体化、生态文明建设一体化、公共服务一体化五大方面对赣鄂湘融入长江中游城市群的情况进行评价和比较，从而对一体化现状进行总体把握。

（2）通过偏离－份额分析法测算江西省、湖北省、湖南省融入长江中游城市群一体化发展战略的份额与潜力，从而判断江西省在赣鄂湘融入长江中游城市群一体化这一机遇中所在的位置，是本书要解决的难点和关键技术。

（3）采用SWOT分析法科学地分析江西省、湖北省、湖南省融入长江中游城市群一体化发展战略的优势、劣势、机遇与挑战是本研究的现实基础，进而对比江西省、湖北省、湖南省在长江中游城市群一体化发展中实施的发展战略及具体措施，以此为提出江西省融入长江中游城市群一体化发展战略的具体措施提供参考。

四　研究思路与方法

（一）研究思路

本书坚持实证分析与规范分析相结合的原则，按照"现状分析—战略比较—障碍研究—经验借鉴—政策建议"的研究思路建立分析框架，研究旨在提出江西省融入长江中游城市群一体化的战略定位和政策建议。

本书的基本思路：第一，在客观分析长江中游城市群环境的基础上，比较赣鄂湘三省的发展现状，测算出赣鄂湘特别是江西省在长江中游城市群中的经济份额与发展潜力，为发展战略分析提供依据。

第二，从区域发展战略对比视角，分析赣鄂湘三省的发展战略及其存在的关键障碍，把握江西省融入长江中游城市群一体化发展战略的重点。

第三，通过对苏浙沪融入长江三角洲城市群一体化战略的经验借鉴，形成对江西省融入长江中游城市群一体化的启示。

第四，构建江西省融入长江中游城市群一体化发展战略的基本原则，并提出江西省融入长江中游城市群一体化发展战略的基本路径，最后提出江西省融入长江中游城市群一体化的政策建议。总体研究框架见图1-1。

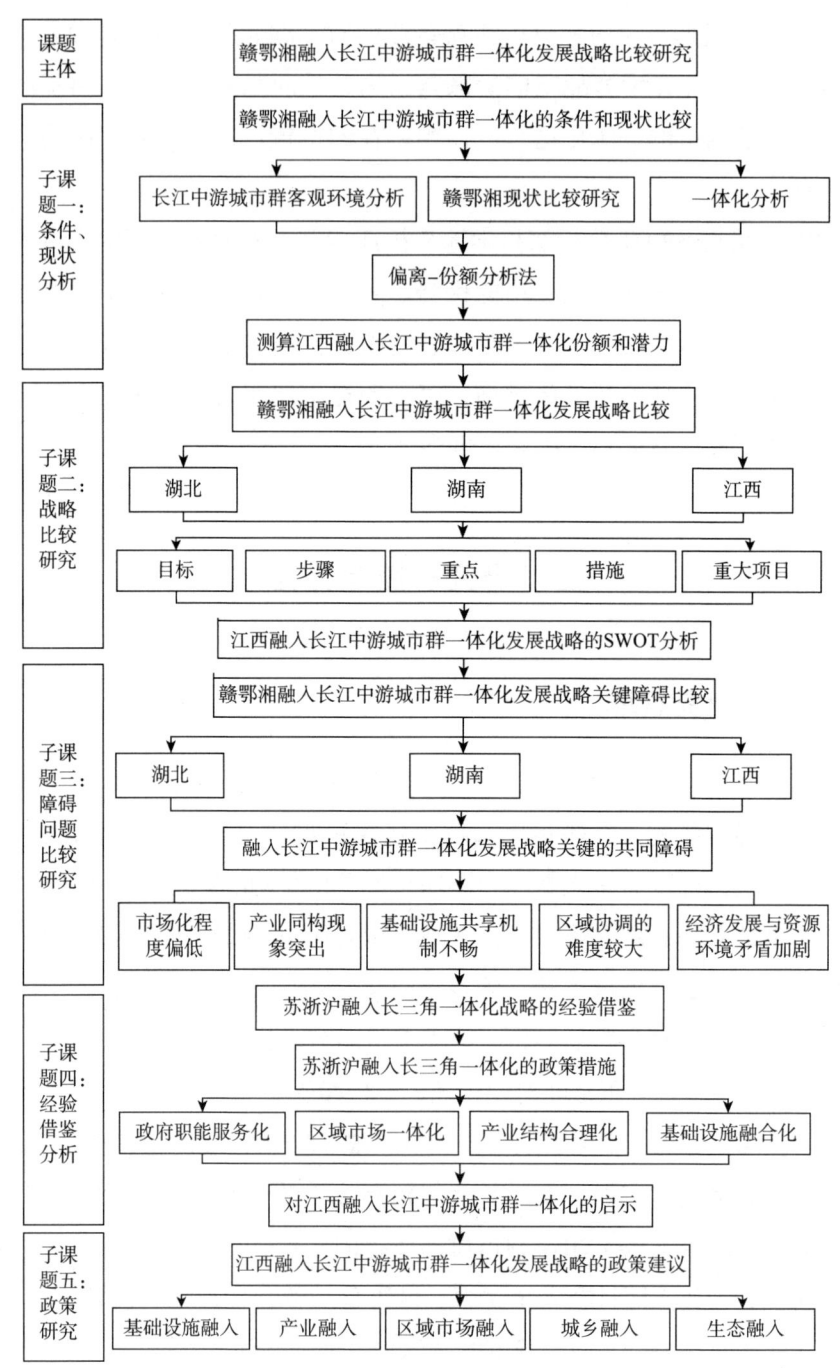

图 1-1 总体研究框架

（二）研究方法

1. 比较分析法

通过对比分析赣鄂湘融入长江中游城市群一体化的条件、现状、战略与障碍，明确三省自身的发展优势与劣势，从而明确定位，为江西省融入长江中游城市群一体化提供依据。

2. 综合评价法

利用四次价格法、产业结构相似指数以及变异系数法，从区域市场一体化、区域产业布局一体化、区域基础设施一体化、区域资源环境与生态建设一体化、区域社会发展与社会保障一体化及区域城乡统筹一体化等方面对一体化情况进行系统评价。

3. 动态偏离－份额法

利用动态偏离－份额法测算江西省、湖北省、湖南省融入长江中游城市群一体化发展战略的份额，判断各省在长江中游城市群一体化发展过程中的发展潜力及其潜力所在，从而准确定位上述省份特别是江西省在长江中游城市群一体化发展战略中的定位与未来发展路径。

4. SWOT 分析

利用 SWOT 分析对江西省、湖北省、湖南省融入长江中游城市群一体化发展战略的优势（S）、劣势（W）、机遇（O）和挑战（T）进行分析，从而综合内部和外部因素，为制定区域发展战略决策提供科学依据。

5. 经验借鉴法

选取苏浙沪融入长三角一体化作为参考对象，从政府职能服务化、区域市场一体化、产业结构合理化和基础设施融合化四个方面分析总结了其一体化的战略经验和措施，从而提出对江西省融入长江中游城市群一体化的政策启示。

6. 专家咨询法

借助南昌大学中国中部经济社会发展研究中心和江西省长江经济带协同创新中心平台，就本研究向相关学术顾问和学术委员会专家进行会议咨询，征求意见和建议，为提出更具针对性的政策建议奠定基础。

五 主要特色及创新之处

（一）本书的特色

（1）鲜明的时代特色。本书紧扣国务院批复同意的《长江中游城市群发展规划》及《长江经济带发展规划纲要》，结合赣鄂湘融入长江中游城市群一体化发展战略背景，通过大量定性和定量分析研究，对赣鄂湘特别是江西省融入长江中游城市群一体化发展提出科学启示和政策建议。

（2）多区域比较研究。本书从发展现状、一体化发展战略、一体化发展障碍等层面，对赣鄂湘融入长江中游城市群一体化发展战略的优势、劣势、机遇、挑战进行对比分析，借鉴长江三角洲城市群发展经验，并在比较研究的基础上为江西省融入长江中游城市群一体化发展战略提供准确定位。

（3）学术研究与政策研究并存。在科学客观地比较研究赣鄂湘融入长江中游城市群一体化发展现状与战略的基础上，将其他区域发展战略对江西省的政策启示贯穿全书，最后总结提炼出江西省融入长江中游城市群一体化的战略选择和政策建议。

（二）本书的创新之处

（1）战略比较的创新。区域发展战略比较有助于客观认识区域发展优势、机遇及其存在的主要问题。本书对赣鄂湘融入长江中游城市群一体化发展的战略及其障碍进行了充分的对比研究，为江西省融入长江中游城市群一体化发展战略提供积极借鉴和启示。

（2）份额和潜力研究的创新。本书使用偏离－份额法提炼出赣鄂湘在融入长江中游城市群一体化发展战略中的份额与潜力，从而明确定位，为江西省融入长江中游城市群一体化提供科学可行的依据，为相关政策制定提供有效的研究工具。

第二章 文献综述与理论基础

一 城市群一体化发展相关研究综述

(一) 城市群一体化概念与内涵梳理

城市群一体化的研究起源于区域一体化,其概念最早出现于20世纪50年代初期。荷兰经济学家丁伯根(1954)提出经济一体化的定义,认为经济一体化是消除阻碍经济发展的人为因素、通过协作和统一创造最适宜的国际经济结构。美国经济学家巴拉萨(1961)指出区域一体化是各个城市为消除经济歧视而共同遵循的一种制度和状态。20世纪末21世纪初,我国区域经济一体化掀起了发展的高潮,尤其是2006年国家在"十一五"规划中确立了城市群的战略方向以后,以城市群、都市圈等为依托的区域经济发展推动了整体经济格局的变化。对城市群一体化的相关理论研究也从那时迅速展开,刘耀彬(2008)定义城市群是城市区域化和区域城市化过程中出现的一种独特的地域空间组织形式,是城市化发展到一定阶段的产物,是指在一定的区域范围内,以一个或几个大型或特大型中心城市为核心,包括若干不同等级和规模的城市构成的城市群体,他们依托空间经济联系组成一个相互制约、相互依存的城市化区域。城市群的内涵可以从以下几个方面理解：城市群是一个区域的概念，是功能作用相对完整的区域；城市群应强调城市群内城市与乡村之间的联系；城市群具有整体的对外联系功能；城市群是一个动态发展的网络系统。对于城市群一体化的概念，学界还没有形成统一的认识，王丽（2013）认为城市是区域作用的主体，城市群是区域作用程度的体现。

现有研究中往往从区域一体化方面理解城市群一体化概念，具体界定如下。王珏和陈雯（2013）从全球化的视角解释区域一体化，指出区域一体化是国家政府、企业和国际组织等多种行为主体相互交互作用的过程。经济层面，强调消除国家间贸易壁垒，包括自由贸易区、关税同盟、共同市场、经济联盟、经济一体化等 5 个发展阶段；政治层面，旨在形成制度、政策和安全共同体；社会层面，注重国家之间在贸易、邮政等方面的交流。吕典玮和张琦（2010）比较了经济一体化和区域一体化，指出区域一体化与经济一体化是互动互促的过程。一方面，区域化是全球经济一体化的阶梯；另一方面，区域化是应对全球经济一体化挑战的表现。区域一体化是区域发展的主要特征和目标，是一种广泛而复杂的地域过程。区域经济一体化能够降低生产要素及商品的流动制度成本，促进区域经济规模效应及效率的改善。王亮和刘卫东（2010）从经济地理学的边界效应视角阐述区域一体化，指出边界地区在区域经济一体化进程中能够改变原有区位优势，创造出对外部市场的接近优势，是边界中介效应的集中表现。边界的政治、文化和经济等属性综合作用于经济行为主体。同时，要素可以在一体化区域自由流动，受到国家边界的影响极低。李平和陈娜（2005）从新制度经济学的角度阐述了区域经济一体化，为降低由于制度缺陷所造成的交易费用而产生了区域经济一体化，不断降低交易费用将进一步促进区域经济一体化的形成。张鹏等（2013）指出区域一体化的核心是经济和产业的一体化，目标是生产要素在区域内的自由流动和配置，产业空间结构要进行优化和重组。李瑞林和骆华松（2007）认为区域经济一体化的实质是降低交易成本，促进产品、要素等的自由流动，实现资源优化配置。

由此可见，对区域一体化总体上可分为两大类：一类是地理学视角，集中在经济地理、城市规划学者中，对区域一体化的研究侧重于空间上的均衡和要素的异质性，强调区域优势以及要素的流动性；另一类是经济学视角，赋予城市群经济含义，研究侧重于成本和垄断因素，强调交易费用以及区位资源的优化配置。

上述分析可以看出，对于城市群一体化的现有研究成果丰富，但由于不同学科对城市群认识视角不同，尚未形成系统性、统一性结论。目前，国内相关研究主要以介绍和引用国外相关研究为主；城市群一体化的研究主要集中在地理学者、城市规划学者中，从经济、社会、生态、文化等角度出发的研究成果较少，尤其是多学科综合研究更少。

通过对国内外相关研究城市群一体化内涵梳理，我们认为以下几个认识倾向是不恰当的。（1）绝对积极倾向，即认为城市群一体化对区域发展只有积极的一面，没有消极的一面。国内研究大多数研究城市群一体化促进区域发展，极少研究城市群一体化阻碍发展。（2）绝对经济倾向，即把区域一体化等同于区域经济一体化，区域一体化是复杂的概念，需要综合经济、社会、环境等多方面进行考量。

（二）城市群形成和动力机制相关研究

城市群形成及动力机制研究有助于探究城市群相互协作的原因、过程，也为进一步明确当前城市群一体化战略如何调动空间资源的有效流动、优化配置与协调发展梳理了基本脉络。庞晶（2008）从微观（企业的集聚与扩散）、中观（产业的分工和合作）、宏观（工业化与城市化）的角度归纳城市群的形成和动力机制。陈玉光（2009a，2009b）从市场和政府的角度考虑城市群形成的机制。市场方面，在利益最大化目标下各种要素的集聚和扩散的双重作用是根本动力；政府方面，由于政府的行政、经济、法律的支撑，避免市场出现由于外部性而失灵的情形。方创琳（2014）把城市一体化发展的动力机制归纳为政策层（新政策和区域规划）、智慧层（科技创新）、功能层（生产、生活和生态）、支撑层（交通基础设施和信息基础设施）、基质层（土地）。刘静玉（2004）认为产业集聚与扩散、区域网络化组织发展、企业区位选择行为、政府宏观调控、城市功能集聚与扩散是城市群形成的驱动因素。张燕（2014）认为要素流动的黏融效应、知识积累的柔性效应、产业分工的耦合效应以及城市增长的共生效应是城市群形成的内在作用机理。赵勇（2008，2009）认为城市群的形成既是居民－厂商在主体区位选择基础上的集聚扩散，又是基于垂直联系的产业演化过程，同时还是基于地方政府制度变迁的过程。

根据现有研究成果，本书认为城市群的形成和动力机制的研究总体可以归纳为两类。一是，从经济地理、城市规划角度出发，基础设施构建了要素流动的空间支撑；要素集聚优化了城市群网络化格局；政策和规划引导城市群高效发展。二是，从经济学角度出发，从微观层面，企业和居民通过区位选择，决定经济活动的扩散和集聚；从中观层面，产业分工和专业化过程不断提高，生产部门在城市群空间范围内的分离，使得城市群城市之间的经济联系日益密切；从宏观层面，城市群的出现是区域制度变迁的结果，是基于交易费用下降引起的制度供给和制度需求共同作用的产物。

（三）城市群一体化实现途径和机制的相关研究

城市群一体化是一个系统复杂的工程，需要从多方面努力，研究者从不同的角度进行了比较详细和深入的探讨，提出了很多具有参考价值的看法。

1. 城市群一体化途径相关研究

安虎森和李瑞林（2007）提出建设区域经济一体化的关键是提高区

域贸易自由度；建设区域经济一体化的基础是市场一体化；建设区域经济一体化的保证是有效的主体组织；实现区域经济一体化的保障是适当的补偿机制。曾刚（2014）以长江经济带为例，提出区域一体化的主要建设方向和着力点是：充分发挥各区域比较优势提升区域的整体竞争力；着力推进长江经济带市场一体化建设；尊重区域企业的经济主体地位。王朝华（2008）以环渤海区域为例，总结成绩和不足，提出了建立和完善环渤海区域合作机制的设想。刘靖（2013）以长江三角洲为例，尝试构建一个适合城市群一体化发展的协调机制，探索当前城市群一体化机制的总体框架体系和发展路径，为城市群一体化发展提供切实可行的策略建议。覃成林（2010）认为实现城市群协调发展的路径有城市群发展战略与规划、政策法规、空间管制与生态环境治理、要素流动、企业跨区域发展以及产业分工与合作。郭锐（2015）从城市规划角度，梳理协同规划的合理与不合理成分，提出未来需要顶层设计予以统一的路径——创新协同规划的体制机制与健全空间规划体系。白永平（2011）通过对低碳经济背景下我国中西部五大城市群进行比较研究，分析了关中-天水经济区城市群发展的主要特征和发展基础，最后提出城市群发展的路径。

2. 城市群一体化机制相关研究

城市群的机制研究主要可从以下两个方面考虑：协调机制、管制和竞争合作机制研究。关于协调机制的研究，一是强调城市群内部协调机制，陈群元（2009）从城市群系统协调发展的目标、动力、主客体、效应等方面分析了城市群系统的协调运作的内部工作机理，构建了城市群系统的一般协调关系模型，发达地区城市群的治理式协调关系模型和泛长株潭城市群的预防式协调关系模型。党兴华等（2007）建立 PREES 系统模型，构建城市群人口、资源、经济、环境、社会系统发展水平的综合评价指标体系，借助于主成分分析法构建了城市群协调发展程度的评价模型，在测度关中城市群内部各子系统发展水平的基础上评价关中城市群 1990~2005 年的协调发展程度。二是跨区域的城市群协调机制的建立。丁建军（2010）从"城市群经济"内涵辨析出发，阐释了城市群、多城市群体系形成机理，并以"区域协调发展"概念三个基本维度为依据，探寻了多城市群分工合作与区域协调发展的内在统一性。陆瑶（2006）通过总结两个区域的政府协调工作，提出重视行政区划的影响；制定城市群规划；不同城市应有正确的战略定位。关于影响城市群协调机制的研究，何添锦（2010）重新解构影响经济发展的众要素，提出影响城市群经济协调发展的直接要素和间接因素，并深入分析影响要素的作用机理。

与城市群协调机制相关的是管制机制，主要研究的是关于城市群的空间管制，吕斌（2006）探讨了城市群规划方法的转变与空间管制策略融合问题。田嵩（2012）从诊断城市群生态系统状况出发，提出"按需划片—按片定类—按类划区—按区定级"，分级管制的规划管制路径，探索我国城市群"生态需求分片管制、生态系统分类管制、生态功能分区管制和生态用地分级管制"的生态空间管制的"四分模式"。

关于城市群竞争的研究。城市群竞争的时空演化规律、具体产业与城市群竞争的关系，定量评价城市群竞争力成为研究的重点。在时空演变方面，朱胜清（2012）采用熵指数与偏移-分享分析方法，对中部四大城市群近 10 年来外商直接投资（FDI）的时空演化与竞争格局进行了定量分析。王发曾（2011）以省域城市群为背景区域，计算了中原城市群九城市的城市竞争力主成分得分与综合得分，根据评价结果揭示了中原城市群城市竞争力的总体演变、主成分演变和影响因素演变的规律与特征。在具体产业与城市群竞争的关系方面，陈鹏（2013）运用灰色关联度分析方法，通过构建珠江三角洲地区城市群物流产业与城市群竞争力指标体系，对该地区城市群物流产业与城市群竞争力进行了关联度分析，并研究了珠江三角洲地区城市群竞争力与物流产业的关系。

定量评价城市群竞争力的方面，王成新（2012）以山东半岛城市群为实证,以辽中南、京津唐、长三角、海峡西岸、珠三角等沿海城市群为比较对象,对山东半岛城市群竞争力进行综合评价。张旭亮(2009)采用因子分析法对浙中城市群城市综合竞争力进行分析,提出了基于评价得分的浙中城市群发展战略。朱子明(2013)从国内经济实力、基础设施建设、贸易与投资、就业与收入四个方面构建起适用于长三角核心城市群的评价指标体系,并采用主成分分析的数学模型分析了各城市的经济竞争力。

关于城市群合作的研究。从政府治理、生态文明建设的视角研究城市群合作的主流。在政府治理方面,傅永超(2007)运用府际管理的基本理论,结合中国政治行政体制的特点,提出以构建政务环境、经济环境、生态环境和信息环境为基础平台的网状政府合作模式。罗湖平(2011)运用复合行政理论,建构了双重扩张式动态合作模式。进一步考察了合作模式的运行主体及运行机理,提出了合作模式的保障机制。臧锐(2010)基于机制设计理论,设计了增强城市群综合承载能力的政府合作机制,并构建了政府合作增强城市群综合承载能力的理论分析模型。

在生态文明建设方面,白永亮(2014)基于EKC理论,建立了经济增长和环境污染的数据计量模型,探讨了经济增长与环境污染的关系及其发展趋势,从规模效应、结构效应、技术效应等三个方面分析并解释了环境污染变化的原因,提出了关于长江中游城市群生态文明建设的合作的政策建议。郑斌(2008)系统性地构建中国城市群环境合作的理论体系,提出城市群环境合作制度建设的基本框架,并进一步提出适宜的配套政策措施。

关于城市群的竞争和合作研究。城市群内部的竞合关系成为研究的主流,徐康宁(2005)通过研究长江三角城市群本质内涵,形成演变规律,得出长三角城市群内部既有竞争的关系,也有合作的机制,合作的难点在于产业分工和真正的市场一体化。连季婷(2015a,2015b)认为京津冀城市群内发挥好竞争和合作的作用，不仅能使得京津冀城市群内部的城市协调发展，而且能促使其成为真正引领我国经济发展的城市群之一。

多数采用博弈论的分析方法对城市群内部竞合行为做实证研究，赵曦（2013）以晋升博弈模型为基础，研究城市群内部核心城市之间的竞争与合作问题，并利用北京等8个城市的面板数据进行了实证检验。单春红（2010）通过对城市群内部每种组合中两个不同城市之间的合作分别进行静态和动态博弈分析，指出区域合作可以有效促进城市群整体的发展。

从生态建设的视角研究城市群竞争与合作关系，秦立春（2013）以长株潭城市群为例，从生态位理论角度分析探讨城市各自的生态位，城市之间、城市群内与群外的竞争与合作，从而对长株潭城市群未来的科学统筹与全面可持续的协调发展提供一定的理论借鉴与指导。

（四）城市群一体化评价的相关研究

国内对城市群一体化的研究侧重于构建城市群一体化的指标体系以及衡量一体化水平的方法。

1. 城市群一体化指标体系相关研究

冯茜华（2004）在构建城市群一体化指标体系的基础上，赋予基层指标相同权重，然后计算指标变动强度，再分类汇总，逐层递归，最后得出城市一体化指数。吕典玮（2010）以京津地区为研究对象，从市场一体化、产业一体化和空间一体化三个方面探讨其一体化整合程度。李雪松（2013）参照了世界银行从密度、距离与分割三个维度对区域一体化的界定，构建了区域一体化评价体系。卢丽文（2014）通过构建经济发展质量、社会生活发展质量、生态环境质量指标体系，对长江中游城市群城市质量进行了评价。宋迎昌（2015）对我国18个城市群一体化发展现状进行了综合评价，构建了城市群一体化发展评价指标体系，并对城市群进行聚类分析。根据现有研究成果，具有代表性的指标体系如表2-1。

表 2-1 城市群一体化指标体系

研究者	评价内容	评价指标
冯茜华	城市间差异度	第一、二、三产业增加值占 GDP 比重；第一、二、三产业从业人员比重；工业结构指数；专业化指数
	城市间联系密切程度	城市间客运总数；城市间的货物流通量；城市间固定资产投资的变动商；城市间邮电业务总量变动商；城市间相互交通、公交、出行时间矩阵，连接城市间的道路长度；住就业分属两市的就业人口占总就业人口的比重
	城市扩展进度	年建筑报建量；年竣工房屋建筑面积；年土地新增建设用地面积；建成区面积占总面积的比重变动商；非农业人口比重变动商
	生态环境一体化程度	不同河段水质指标；城市间水中污染物排放总量指标；酸雨频度；空气污染指数；区域环境等效声级治理废气综合处理率；固体废弃物综合利用率；污染治理投资占 GDP 比重
宋迎昌	经济一体化	第二、三产业增加值/第一产业增加值；实际利用外资；人均 GDP 差距；人均金融机构存款余额；人均金融机构贷款余额
	基础设施一体化	国土面积交通运营里程平均数；每千人拥有汽车数；人均文教娱乐支出；人均长途光缆线路长度
	生态环境一体化	环境保护投资占财政支出比重；单位生产总值能耗；人均绿地面积差距
	空间一体化	人流（旅客发送量/总人口）；物流（货运总量/GDP）；信息流（邮电业务总量/总人口）；人口密度
卢丽文	经济发展质量	人均 GDP；GDP 增长率；第二、三产业占 GDP 比重；人均固定资产投资总额；人均社会消费品零售额；人均地方财政预算内收入；当年实际使用外资金额
	社会生活发展质量	城乡居民人均储蓄年末余额；失业率；第三产业从业人员比重；第二产业从业人员比重；每万人文化、体育和娱乐业服务人员数；每万人公共管理和社会组织服务人员数；人均教育事业费支出；每万人高等学校在校学生数；每百人公共图书馆藏书；每万人医院卫生院床位数；剧场影剧院数；人均铺装道路面积；每万人拥有公共汽、电车
	生态环境质量	万元 GDP 水耗；万元 GDP 电耗；工业固体废综合利用率；人均绿地面积
李雪松	市场一体化	区域内人口流动（万人）；货运周转率；银行信贷总额+；信息产业投资额（万元）；人均 GDP（元）；单位 GDP 工业总产值（万元）；单位 GDP 财政支出；贸易总额；投资利润比；CPI 指数
	行政一体化	区域合作协议成效（主观）；产业政策协调（主观）税负一致性；高速公路总长度；铁路基建投资；机场建设投资；政府相关部门协作性（主观）；政策方案可行性（主观）；利益分配合理性（主观）；政策透明度水平（主观）
	社会一体化	基础教育总投入；文化政策融合性（主观）；生态环境保护总投入（万元）；城市与非城市医疗机构比

资料来源：相关文献整理。

2. 城市群一体化水平测度方法相关研究

从系统论的角度出发，李国敏（2015）将城市系统看作是由经济、人口、资源和环境四个子系统耦合而成的开放型的耗散结构系统，构建了基于耦合协调度的城镇化质量评价模型，并运用数据包络分析法和主成分分析法进行客观赋权。更有学者从一体化水平综合测定角度分析，吕典玮（2010）从市场一体化、产业一体化和空间一体化三个方面探讨其一体化整合程度。采用"价格法"衡量市场一体化水平；分析工业和第三产业各行业的区位商来度量产业一体化水平；根据弗里德曼空间结构的演变阶段理论探讨空间一体化水平。陈辉煌（2011）用综合定量分析法对长三角区域经济一体化进行测度研究，从市场一体化、体制一体化及社会一体化的视角对长三角区域经济一体化水平进行综合测度研究，并探讨影响长三角区域经济一体化的制约因素。周克昊（2014）从经济发展、资源利用、环境保护、人口与公共服务和科技创新等5个方面选取23个指标，构建其监测评估指标体系，综合分析长江中游城市群综合发展水平时空格局演变。关于经济一体化研究，从衡量城市群经济联系的角度出发，鲁金萍（2015）利用修正后的引力模型和因子分析对城市群内部各等级中心城市间的经济联系强度进行综合分析和测度，而周立群（2010）利用层次分析法和标准差值法衡量城市群经济一体化水平。

关于影响城市群一体化的因素的研究。胡平香（2004）认为没有突出的产业优势、所有制单一、基础设施建设缺乏连续性和完整性以及城市化水平较低是制约长株潭经济一体化发展的主要因素。周沂（2013）重点探讨城市群各城市间的分工合作，采用偏离份额法模型定量研究了武汉城市群经济整合的影响因素。张娜（2015）从城市规模分布角度分析，利用位序-规模法则来分析城市等级体系及其发展变化动因，最终通过对各因素的合理调节实现城市等级体系优化、经济持续增长。

关于城市群经济一体化程度的非均衡差异研究，曾鹏（2012）运用多层次因子分析和聚类分析法分析发现各大城市群之间存在区域经济一体化的非均衡性差异，并给出了非均衡性差异的对策。

可以看出，大多数学者认为城市群一体化实现的途径是充分发挥各区域的优势，提高区域竞争力，着力推进市场一体化建设，完善配套政策法规，促进要素自由流动。评价城市群一体化的指标体系众多，但仍不完善。有学者认为应从市场、产业、空间三个方面衡量城市群一体化建设，也有学者从密度、距离、分割三个维度界定区域一体化等等，而本书根据李克强总理对城市化发展的"六个一体化"建立指标体系，包括市场一体化、产业布局一体化、基础设施一体化、生态文明一体化、公共服务一体化和城乡统筹一体化与城乡建设一体化。学者通过对城市群的协调、管制以及竞争和合作机制的研究，多角度探讨了城市群内部和跨区域相互作用规律。城市群一体化的评价方法尚未形成统一的体系，测算方法多样，本书根据现有研究成果，采用价格法衡量市场一体化，采用产业结构系数和区域分工指数定量衡量产业发展布局一体化，运用变异系数法对基础设施一体化、环境保护与生态建设一体化和社会发展与社会保障体系建设一体化进行实证分析。

二 长江中游城市群的相关研究

学者们从实证的角度运用上述理论研究了国内的各大城市群，关注的区域主要集中在长三角、珠三角以及京津冀城市群。因为对长江中游城市群的规划较晚，始于2012年，因而学术界对长江中游城市群的研究也大致从2012年开始。梳理文献发现，对长江中游城市群的研究主要集中在以下两个方面。

（一）长江中游城市群一体化的测度

李雪松（2013）对长江中游城市群内部的三大圈层在市场、行政、社会三方面进行了一体化测度，得出了长株潭城市群最高，武汉城市圈次之，环鄱阳湖城市群最低的结论。江红（2014）对长江中游城市群各地的市场化程度的分布特征进行分析，找出了它们与地理位置的关系。再通过对比省会城市与其他城市市场化程度的差异性来确定省会在省内城市群发展中所起的作用及其在跨省域范围内的带动作用。最后结合各省的发展态势、相互之间的认同感对长江中游城市群的范围进行界定。研究的主要结论为：皖江城市带从城市群的发展状态、定位以及认同感等方面来说都更适合对接长三角进行发展；环鄱阳湖生态经济区因其自身实力不强，南昌作为省内最大城市对其周边城市发展的带动作用非常有限，与两湖地区相比差距较大。

（二）长江中游城市群空间作用机理的研究

白永亮（2014）基于"核心－边缘"理论，构建了城市综合经济质量的指标体系，通过经济引力模型对长沙、合肥、南昌、武汉四个城市圈的经济引力范围进行测度，从宏观的空间关联上分析了四个城市圈的互动关系。同样运用引力模型，何胜（2014）在此基础上，从城市群综合实力及空间相互作用倾向度两个方面对长江中游城市群空间相互作用的影响因素及机理展开了分析研究。综合分析得出：长江中游城市群空间相互作用水平较低，城市与城市群的空间相互作用水平差异显著；城市群空间相互作用网络形态主要呈放射状，武汉、长沙在区域中的中心性作用明显；武汉都市圈与环长株潭城市群发育较为成熟，环鄱阳湖城市群发育水平较低。张雅杰（2015）以长江中游城市群41个地域空间单元2000~2012年社会经济数据为基础，运用探索性数据分析（ESDA）及地理加权回归（GWR）等空间计量经济学方法，研究了多变量影响下长江中游城市群的经济空间格局演化驱动机理。研究发现长江中游城市群区域经济发展水平空间格局总体上表现为地区之间较强的负相关性，经济发展异质性较强，差异性显著。

还有部分学者从生态文明建设方面对长江中游城市群进行了研究。如白永亮（2014）基于EKC理论，探讨了长江中游城市群经济增长与环境污染的关系及其趋势，从规模效应、结构效应、技术效应等三个方面分析并解释了环境污染变化的深层次原因，并揭示了省际差异。

从以上文献梳理来看，对长江中游城市群的研究多是仿照长三角、京津冀、珠三角城市群进行空间优化、一体化测度等实证研究，缺乏用计量方法估算长江中游城市群内各省潜力和份额的文献。

三 相关研究述评

（一）现有研究综述的评价

结合上述文献，从研究对象来看，关于我国较成熟的城市群一体化的文献较多，如长三角、京津冀、珠三角，多数文献从不同的侧面研究了这些城市群一体化的测度、协调模式、障碍、制度因素等，分析的角度比较全面。相对而言，对长江中游城市群的一体化研究还非常缺乏。大多数研究是从宏观上探讨一体化的原则、协调模式、发展情况等。从研究结果来看，不同的城市群一体化具有不同的障碍、制度因素，发挥的效果也存在差异，说明对城市群一体化的分析一定要结合不同地区的实际情况。从研究方法上来看，不论是对城市群一体化的研究，还是对长江中游城市群的研究，使用定性分析较多，定量分析较少。综合来看，目前对长江中游城市群一体化的研究还处于刚刚起步的阶段，对城市群内各省的现状、未来的潜力、发展战略、实施这些战略的障碍、政策比较等均缺乏细致的计量研究，本书将进行这方面的工作。

（二）现有研究可以突破的空间

城市群一体化研究内容丰富，涉及面广，研究理论和研究方法还未形成成熟的体系，研究内容还未深入，由此可见，城市群一体化还有许多可以突破的空间。刘耀彬（2008）从城市群培育的角度提出未来可突破的空间：城市群之间的合作培育研究；微观尺度的城市群培育研究；城市群培育的产业链细化研究；城市群培育的支撑系统细化研究；城市群培育的空间规划研究。顾朝林（2011）认为城市群可突破的空间可以聚焦于以下三个方面：经济全球化背景下的中国城市群空间格局研究；转型经济及其增长对中国城市群空间布局影响的研究；不均衡城市化空间增长的公共政策研究。方创琳（2014）认为未来城市群研究的重点和方向是以问题为导向，重点反思检讨中国城市群选择与发育中暴露出的新问题；以城市群为主体，重点推动形成"5+9+6"的中国城市群空间结构新格局；以城市群为依托，重点推动形成"以轴串群、以群托轴"的国家城镇化新格局；以国家战略需求为导向，继续深化对城市群形成发育中重大科学问题的新认知。

综合现有研究成果，本书认为城市群可突破的空间有以下五个方面。（1）深化城市群内涵研究，用中国话语体系解释城市群概念及内涵。目前学术界对一体化内涵的界定纷繁复杂，尚未形成一个权威统一的定义，需要综合多学科，多视角规范界定城市群。（2）评价城市群的指标体系，需要用适用于中国的指标来细化。不同的视角定义城市群的内涵不同，构建城市群评价体系没有形成系统成熟的标准。（3）评价城市群一体化的方法众多，难以衡量测量方法的科学性及严谨性。不同学科从不同视角测量城市群一体化，评价结果的有效性并没有权威的衡量标准。（4）现有研究大多定性探讨影响城市群一体化的因素。定量测度影响因素对城市群一体化的贡献程度是可突破的空间。(5) 对城市群内各省的现状、未来的潜力、发展战略、实施这些战略的障碍、政策比较等均缺乏细致的计量研究,本书将尝试进行这方面的工作。

四 城市群一体化发展的理论基础

(一) 区位理论

区位理论是研究区位的理论,其根本宗旨是揭示人类社会经济活动的空间法则。古典区位理论建立在古典政治经济学地租理论、比较成本理论基础上,主要代表有杜能 (J. H. Thünen) 的《农业区位论》、韦伯 (A. Weber) 的《工业区位论》、廖什的市场区位论及克里斯泰勒 (W. Christaller) 的《中心地理论》等 (陆大道,1998),虽然他们的研究对象不同,但基本都以均质区域、完全竞争、成本最小化 (工业区位论、农业区位论)、利润最大化 (市场区位论) 等为前提假设静态研究的企业区位、城市布局。

现代区位理论以艾萨德 (Walter Isard)、贝克曼 (M. J. Beckman) 为代表,区位因素不再局限于交通运输距离、土地、劳动力等生产要素,而是综合考虑经济因素及行为因素对区位选择的影响,假设条件更加接近实际情况,且从时间序列角度研究区位动态变化。

实际上,区位论是通过研究不同产业在城市中位置的选择,以实现企业利润最大化或成本最小化目标的。城市是各种经济要素及经济活动的载体,不同城市由于区位不同,其产业结构、城市化水平、利用外资以及对人力资本的吸纳能力、先进管理经验的引进等均存在差异,进而导致不同地区区域经济发展速度和水平存在差异。

结合本书研究的城市群一体化发展,由于不同城市区位差异导致的经济发展水平差异,对不同城市融入城市群一体化发展将产生不同的影响。对发达城市而言，一体化发展可为其提供更广阔的经济腹地及丰富的资源要素；而对相对落后城市而言，一体化发展可能会为其提供更多的机遇及先进的技术与管理经验等，但同时，也可能会对区域内要素产生强烈的"虹吸效应"，资源要素可能会进一步流入发达城市。城市群一体化发展带来的利与弊之间的权衡，对于行政区经济发展而言尤为重要。因此，如何打破当前区位限制，更好地融入城市群一体化发展，对长江中游城市群内相对落后的环鄱阳湖城市群而言意义重大，这也是本研究的重要出发点之一。

（二）区域发展阶段理论

1. 区域经济增长阶段理论

区域经济增长具有显著的阶段特征（丁四保，2003），国内外学者对此都进行了相关理论与实证研究，并提出了区域经济增长的阶段理论，代表性的有胡弗和费舍尔（Hoover, E. M., Fisher, J. L.）、罗斯托（Rostow, W. W.）、钱纳里和赛尔昆（Chenery, H. B., Syrquin, M.）等。

虽然不同学者对经济阶段划分的标准有差别，但是，大多以经济发展中产业结构变动、生产力变化作为依据。胡弗和费舍尔（Hoover, E. M., Fisher, J. L., 1949）认为经济增长存在"标准阶段次序"，依次为自给自足阶段—乡村工业崛起阶段—农业产业结构转换阶段—工业化阶段—服务业输出阶段；而罗斯托则根据工业化国家经济增长规律指出，区域经济增长"六阶段论"，传统社会阶段—为经济起飞做准备阶段—经济起飞阶段—成熟阶段—高额消费阶段—追求生活质量阶段（Rostow, 1990）。

钱纳里（H. B. Chenery, 1975）总结了34个准工业化国家发展规律，按照产业结构演进依次经历了传统社会阶段—工业化初期阶段—工业化中期阶段—工业化后期阶段—后工业化社会—现代化社会，并根据各国经验，以人均GDP为依据给出了不同发展阶段划分的标准（齐元静、杨宇、金凤君,2013)(表2-2)。

表2-2 钱纳里经济发展阶段划分标准

单位:人均GDP,美元

阶段名称	初级产品生产阶段Ⅰ	初级产品生产阶段Ⅱ	工业化初期	工业化中期	工业化后期	发达经济初期	发达经济时代
1970年	100~140	140~280	280~560	560~1120	1120~2100	2100~3360	3360~5040
1990年	340~470	470~940	940~1890	1890~3770	3770~7070	7070~11310	11310~16970
1995年	393~550	550~1100	1100~2200	2200~4400	4400~8250	8250~13200	13200~19800
2000年	440~620	620~1240	1240~2490	2490~4970	4970~9320	9320~14910	14910~22380
2005年	500~710	710~1410	1410~2820	2820~5640	5640~10570	10570~16920	16920~25380
2010年	560~790	790~1570	1570~3150	3150~6300	6300~11810	11810~18900	18900~28350

2. 区域产业结构演进理论

产业是国民经济中不同部门不同行业的总称,而产业结构是指区域经济中各类产业之间的内在联系与比例关系,主要侧重于三次产业结构。产业结构对区域经济发展的影响作用至关重要,可以说,区域经济发展阶段是伴随着区域产业结构演进而发生变化的(李孟刚,2012)。

威廉·配第(William Petty)、科林·克拉克(C. G. Clark)从劳动力在不同产业间的迁移角度提出配第-克拉克定律,指出随着国民经济发展,劳动力从第一产业向第二产业转移,也就是说,一个地区国民经济发展水平越高,农业劳动力比重越小,而第二、第三产业劳动力比重越来越高。

西蒙·库兹涅茨(Simon Kuznets)则在配第、克拉克的研究基础上从产值和劳动力比重方面分析了产业结构变化规律,认为随着时间的推移,农业部门在整个国民收入中的比重和劳动力中的比重不断下降,而工业部门国民收入比重不断上升,服务部门劳动力比重逐步提高(孙久文、叶裕民,2009)。

霍夫曼（Hoffmann，W.G.，1958）则从消费资料与资本资料的比例关系（霍夫曼系数）角度分析了不同国家工业结构的演变规律，认为工业化进程中，消费资料工业的产值比重不断下降，而资本资料工业的产值比重则逐渐提高。

但是传统产业结构演进理论是基于发达国家总体经济发展过程得出的规律性结论，并没有涉及"区域"问题。产业是分工的结果，不同产业结构的比较优势、产业关联、生产率及创新能力等不同。也就是说，区域产业结构的演进实际上是不同要素由低效率产业向高效率产业转移的过程。但是一个必须强调的问题是，专业化分工必然导致诸如农业核心区、工业核心区及以金融、信息、旅游等为主的服务业核心区的产生，那么区域一体化发展过程中，如何建立合理的产业分工模式，将对不同城市或区域决策产生重要影响。

（三）区域非均衡发展理论

区域经济活动是在地理空间上进行的，由于地理条件及人文社会等因素的差异，区域经济活动往往呈现出非均衡布局现象。区域非均衡发展使得经济发展要素集中于经济效率较高的区域，促进了要素的有效利用，但同时在一定程度上也使得区域之间的经济发展差距逐渐扩大。区域一体化发展并非严格缩小区域之间的经济差异，而是通过一定的差异梯度，实现要素自由流动，进而优化资源要素配置。

1. 增长极理论

增长极概念由法国经济学家佩鲁（1987）提出。佩鲁认为，从空间角度看经济发展，不同地区经济增长速度存在差别，从产业角度看，主导产业和有创新能力的产业增长速度快。这些主导和创新产业在空间上集聚，形成资本、技术高度集中，规模效益显著、经济增长迅速，并对邻近地区（A、B）形成强大辐射带动作用的区域增长中心，也就是经济增长极C（图2-1）。

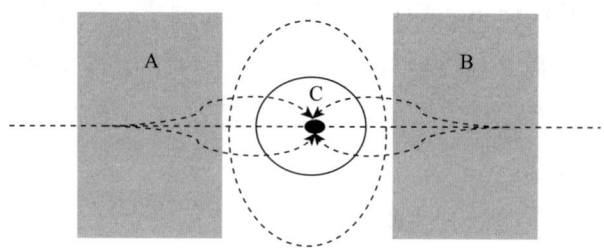

图 2-1 区域增长极的形成

理论上,增长极的发展对周围地区经济发展产生组织、示范和带动作用,从而加强了增长极与周围地区的联系。随着增长极的发展,带来了产业、技术、创新等要素扩散,通过这种"溢出效应"带动周边区域发展。但实际情况恰恰相反,周边区域受增长极区域极化作用影响,要素不断涌入增长极区域,一定程度上剥夺了周边区域发展,最终导致"核心-边缘"结构的形成。

2. 空间结构演变理论

由于增长极的形成,使得区域形成"中心-外围"(核心-边缘)的区域经济空间结构。弗里德曼(Friedman, J. R., 1966)认为,这种中心-外围结构并不局限于经济要素的集聚与扩散过程,而更注重边缘区对中心区的依附作用,也就是中心区的支配地位。

弗里德曼认为,中心地区对于外围地区而言之所以处于支配地位,主要在于贸易、经济权力、技术进步、创新等均集中在中心地区,形成了不均衡的发展格局。而技术进步、创新等是经济效率的来源,因此,本书认为,可以将这种不均衡的发展格局与经济梯度联系起来。当然,理论上,经济梯度下的非均衡发展格局并非一成不变,而是通过"溢出效应",使区域达到新的均衡。

如表 2-3,初始阶段,区域中有若干不同等级的中心区域,区域要素流动性弱,区域之间联系并不紧密,处于低水平的均衡状态。而当某一区域实现创新突破时,该区域即成为中心区,区域间的"经济效率梯度"开始出现,要素开始向中心区域流动,中心区域极化发展,中心-

外围格局形成，区域间形成低水平不均衡发展格局。随着区域经济进一步发展，中心区域扩散效应开始出现，但不足以平衡极化效应，其中心支配地位不断强化，我们称该阶段为高水平的非均衡发展阶段。最后一个时期，区域扩散效应远远超过极化效应，形成若干核心区域，中心－外围结构逐渐消失，区域间达到新的高水平均衡发展状态。

表2－3 区域"中心－外围"结构演变

阶段	区域关系示意图	区域经济效率状态	区域经济结构特征
区域分散阶段		区域发展缺少创新，尚未形成经济梯度，区域间要素较少流动	已经存在若干不同等级的中心，但彼此之间的联系不紧密，区域间处于低水平均衡格局
中心－外围Ⅰ阶段		中心区域实现创新突破，成为"变革中心"，经济梯度初现，要素大量流入中心区域	中心区域进入极化阶段，少数主导地带开始膨胀，中心－外围结构形成，处于低水平非均衡格局
中心－外围Ⅱ阶段		中心区域要素高度集中，并开始向外围区域扩散，经济空间溢出效应显现	中心区域开始对外扩散过程，但中心区域支配作用进一步强化，区域间处于高水平的非均衡格局
区域一体化阶段		要素在整个区域内充分流动，区域间经济梯度逐渐消失，达到均衡发展状态	多核心区域形成，区域之间无明显分割界限，中心－外围结构逐渐消失，区域间达到新的均衡格局

3. 倒"U"形理论

倒"U"形理论由美国经济学家 Williamson, J. G. (1965) 通过对 24 个国家的实证研究提出的,该理论认为,随着经济增长和人均收入水平的提高,区域间不平衡发展程度大体上呈先扩大后缩小的倒"U"形变化规律。短期看,经济发展初期区域发展不平衡是经济增长的必要条件,但是长期来看,当经济发展到一定水平,区域间的差距会不断缩小。图 2-2 以 GNP 作为区域经济发展水平的度量,区域经济差异以人均 GNP 的区域差异作为衡量标准,可以看出,随着经济发展水平的提升,区域差异呈现先增大后缩小的趋势。

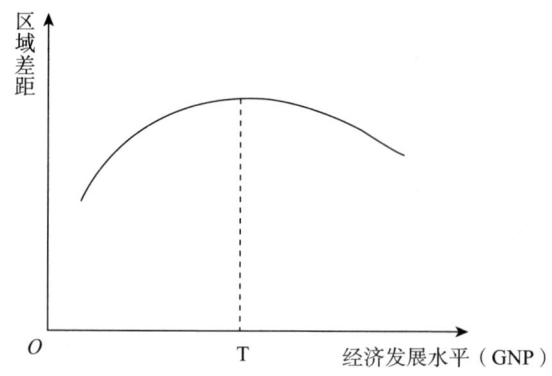

图 2-2　Williamson 倒"U"形理论示意图

如前所述,从时间上看,城市群一体化是城市经济发展到特定阶段的产物,从内容上看,城市群一体化的前提是内部生产要素的自由流动,其结果是城市群均衡发展。这必然要求城市群内部组分区域经济差距要稳定在合理范围之内,公共服务要素、设施实现共享。因此,城市群一体化应处于倒"U"形右侧,是城市群一体化实现的经济空间基础。

(四) 区域分工理论

分工是人类社会经济发展的必然产物。国内最早提出分工理论的是春秋"五霸"之首的齐国的宰相管仲,"四民分业,士农工商"政策,①即把国民按照军人、农民、工匠、商贾等划分为四个阶层。② 他认为,四民分业有四个优点:"相语以事,相示以巧""相语以利,相示以时""不见异物而迁焉"③及专业技能的传承。

劳动地域分工是指人类经济活动按照地区进行的分工,即各个地区依据各自的自然、经济、社会等条件与优势,着重发展有利的产业部门,并与其他地域进行产品交换或贸易,输出剩余产品、进口所需产品的现象(陈才,2009)。分工理论主要源于国际贸易理论,从亚当·斯密、大卫·李嘉图的古典贸易理论到赫克歇尔 - 俄林的要素禀赋理论、保罗·克鲁格曼的新贸易理论,都是分工理论产生的基础(魏后凯,2011)。

大卫·李嘉图在其《政治经济学及赋税原理》中阐述了比较优势理论,认为,在资本和劳动等要素不能在区域之间完全自由流动前提下,只能按照比较优势进行分工与贸易,"各国(区域)应集中生产优势较大或者劣势较小的商品",由于生产率的差异,具有绝对优势的国家或地区只需生产并出口最大优势的商品,而具有绝对劣势的国家或地区可以生产劣势较小的商品以获取利益。哈伯勒(Haberler,G.,1970)则从机会成本角度对比较优势理论进行了重新阐述,"如果一个国家或地区在本地区生产某种产品的机会成本比在其他国家生产该种产品的机会成本低,那么这个国家或地区在该种产品上就拥有比较优势"。

赫克歇尔(Heckscher)和奥林(Ohlin)则从区域生产要素相对丰裕度差异角度阐述了区域之间的比较优势,提出了要素禀赋理论(简称H - O理论)。他们认为要素禀赋差异决定了生产要素相对价格和劳动生产率的差异,并且不同商品生产所需的要素配置不同,在此基础上,各

---

① 《管子·小匡》:"士农工商四民者,国之石民也。"
② 《汉书·食货志》:"士农工商,四民有业:学以居位曰士,辟土殖谷曰农,作巧成器曰工,通财鬻货曰商。"
③ 《管子·小匡》:"少而习焉,其心安焉,不见异物而迁焉,是故其父兄之教不肃而成;其子弟之学不劳而能。"

地区生产具有资源禀赋优势的商品。

本书认为，比较优势与要素禀赋是区域间进行商品交换的基础，进而使不同地区产生了专业化分工。在不同比较优势水平与资源禀赋条件下，区域产业结构亦有所差别，如何发挥区域比较优势以形成合理的区域分工格局，对区域一体化发展至关重要。

本章小结

本章在对城市群概念与内涵进行回顾的基础上，着眼于国内城市群一体化发展。对长江中游城市群的现状进行了研究，并对其研究的不足之处和发展趋势做出了评价。

（1）城市群一体化发展相关研究。首先回顾城市群一体化概念和内涵，城市群一体化的研究起源于区域一体化，其概念最早出现于1954年荷兰经济学家丁伯根提出的经济一体化的定义。区域一体化总体上可分为两大类，一类是经济地理型的，对区域一体化的研究侧重于空间上的均衡和要素的异质性，强调区域优势以及要素的流动性；另一类是经济学界，研究侧重于成本和垄断因素，强调交易费用以及区位资源的优化配置。同时，城市群的形成和动力机制的研究总体也可以归纳两类，从经济地理、城市规划角度出发，基础设施构建了要素流动的空间支撑；要素集聚优化了城市群网络化格局；政策和规划引导城市群高效发展。从经济学角度出发，从微观层面，企业和居民通过区位选择，决定经济活动的扩散和集聚；从中观层面，产业分工和专业化过程不断提高，生产部门在城市群空间范围内的分离，使得城市群城市之间的经济联系日益密切；从宏观层面，区域制度变迁的结果，是基于交易费用下降引起的制度供给和制度需求共同作用的产物。城市群一体化实现途径和机制主要聚焦于协调、管制机制和竞争合作机制。城市群一体化评价方法尚未形成统一的体系,测算方法多样,但在经济、社会、生态环境等方面达成共识。

(2)长江中游城市群相关研究。长江中游城市群的规划较晚,始于2012年,因而学术界对长江中游城市群的研究也大致从2012年开始,研究主要聚焦于长江中游城市群一体化测度和长江中游城市群的空间作用机理。对长江中游城市群的研究多是仿照长三角、京津冀、珠三角城市群进行空间优化、一体化测度等实证研究,缺乏实证估算长江中游城市群内各省潜力和份额的文献。

(3)研究评价部分。目前对长江中游城市群一体化的研究还处于刚刚起步的阶段,对城市群内各省的现状、未来的潜力、发展战略、实施这些战略的障碍、政策比较等均缺乏细致的计量研究。未来可突破的空间主要是:深化城市群内涵研究,用中国话语体系解释城市群概念及内涵;细化评价城市群一体化指标体系,不同的视角定义城市群的内涵不同,构建城市群评价体系系统成熟的标准;定量测度影响因素对城市群一体化的贡献程度。

第三章　长江中游城市群一体化发展现状与格局

一　长江中游城市群一体化发展总体格局

(一) 评价指标体系

根据相关研究结果（王珏、陈雯，2013；王亮、刘卫东，2010；吕典玮、张琦，2010；李瑞林、骆华松，2007），本书认为城市群一体化是一个多层次的系统，它主要包含市场、产业分工、基础设施、城乡统筹、生态环境、社会发展与保障六大要素一体化。其中，市场一体化是城市群一体化的核心，产业分工是城市群一体化的关键，基础设施、城乡统筹一体化是城市群一体化的基础，而生态环境、社会发展与保障一体化是城市群一体化的重要保障。结合相关研究成果和《长江中游城市群发展规划》，本书分别从市场一体化、产业分工、基础设施、城乡统筹、生态环境、社会发展与保障六个方面来构建城市群一体化指标体系（表3-1）。

表 3-1 长江中游城市群一体化评价指标体系

目标变量	一级变量	二级变量	二级变量选用指标
长江中游城市群一体化	市场一体化	居民消费价格指数	食品价格指数
			烟酒及用品价格指数
			衣着价格指数
			家庭设备用品及服务价格指数
			医疗保健和个人用品价格指数
			交通和通信价格指数
			娱乐教育文化价格指数
			居住价格指数
	产业分工	区域分工系数	国民经济分行业从业人员数
	城乡统筹	经济统筹	城镇化率（%）
			城乡人均产值比
			城乡人均固定资产比
		社会统筹	城乡人均床位比
			城乡人均医生数量比
		生活统筹	城乡人均储蓄余额比
			城乡人均社会消费品零售额比
	基础设施	交通设施	万人客运量（万人次）
			人均货运量（吨）
		信息设施	人均邮电业务量（元）
			上网普及率（%）
			移动电话普及率（部/人）
	生态环境	资源节约程度	单位 GDP 耗电量（立方米/万元）
		生活垃圾处理	生活垃圾无害化处理率（%）
		工业垃圾处理	工业固体废弃物综合利用（%）
		生态建设	建成区绿化覆盖率（%）
	社会发展与保障	经济发展	GDP 增长率/自然人口增长率
		基础教育水平	中小学师生比
		医疗卫生投入	万人拥有卫生机构数（个）
			万人拥有医疗床位数（张）

注：国民经济分行业包括农、林、牧、渔业，制造业，采矿业，电力煤气及水的生产供应业，建筑业，科研技术服务和地质勘查业，交通运输、仓储及邮政业，批发和零售业，租赁和商业服务业，住宿餐饮业，金融业，房地产业，教育业，信息传输计算机服务和软件业，水利环境和公共设施管理业，居民服务和其他服务业，卫生社会保险和社会福利业，文化体育和娱乐业，公共管理和社会组织 19 个行业分类。

（二）评价方法

为了对长江中游城市群一体化进程进行整体把握，本书运用熵值法对其多指标进行综合合成计算得到各个研究区域的一体化指数综合得分（表3-2），计算公式如下（王富喜等，2013；李江苏等，2014）。

首先，确定 i 城市 j 项指标的目标值，并对目标值进行数据处理。其中 S_j 为 j 指标的标准差，A 为平移矩阵，K 为常数。为了消除各个指标单位差异和变异程度的影响，对各指标进行标准化处理，正向指标正标准化，负向指标负标准化：

$$X_{ij}^S = (X_{ij} - \overline{X})/S_j$$
$$X_{ij}^S = (\overline{X} - X_{ij})/S_j$$

为了消除对数运算负数造成的影响，平移标准化数据：

$$S_{ij} = X_{ij}^S + A$$

为了对指标同度量化，计算 i 城市占 j 项指标的比重：

$$P_{ij} = S_{ij} / \sum_{i=1}^{n} S_{ij}$$

再次确定 j 指标的权重，计算 j 项指标熵值：

$$e_j = -K \sum_{i=1}^{n} P_{ij} \ln(P_{ij}), K = 1/\ln(n), e_j \geq 0$$

计算 j 项指标变异系数：

$$g_j = 1 - e_j$$

对变异系数进行归一化处理，计算 j 项指标权重：

$$W_j = g_j / \sum_{j=1}^{m} g_j$$

由于本研究对长江中游城市群一体化进行动态评价，不宜在不同年份运用不同权重。故本书借鉴李江苏等（2014）的做法。计算 j 项指标平均权重，y 为样本年份数：

$$W_j^s = \sum e_j/y$$

最后，计算 i 城市城市群一体化指数综合得分：

$$Q_i = \sum_{j=1}^m W_j^s P_{ij}$$

（三）评价结果分析

本书运用熵值法对其多指标进行综合合成计算得到各个研究区域的综合差异得分（表 3-2）。

表 3-2　长江中游城市群一体化得分

地区	2008 年	2009 年	2010 年	2011 年	2012 年	2013 年	2014 年
南昌	0.0403	0.0366	0.0347	0.0353	0.0357	0.0376	0.0356
景德镇	0.0281	0.0342	0.0347	0.0331	0.0375	0.0357	0.0705
萍乡	0.0384	0.0376	0.0382	0.0377	0.0390	0.0352	0.0342
九江	0.0321	0.0341	0.0344	0.0355	0.0343	0.0335	0.0330
新余	0.0408	0.0393	0.0397	0.0397	0.0423	0.0428	0.0389
鹰潭	0.0373	0.0412	0.0396	0.0393	0.0395	0.0392	0.0398
吉安	0.0382	0.0416	0.0426	0.0422	0.0388	0.0363	0.0402
宜春	0.0421	0.0428	0.0411	0.0403	0.0395	0.0407	0.0388
抚州	0.0368	0.0388	0.0409	0.0395	0.0407	0.0411	0.0352
上饶	0.0325	0.0323	0.0329	0.0342	0.0304	0.0298	0.0277
武汉	0.0431	0.0391	0.0394	0.0423	0.0419	0.0418	0.0413
黄石	0.0321	0.0328	0.0312	0.0310	0.0324	0.0322	0.0299
宜昌	0.0373	0.0354	0.0338	0.0396	0.0379	0.0389	0.0386
襄樊	0.0385	0.0396	0.0339	0.0373	0.0405	0.0383	0.0368
鄂州	0.0420	0.0380	0.0377	0.0365	0.0430	0.0428	0.0417
荆门	0.0353	0.0345	0.0361	0.0347	0.0345	0.0371	0.0363
孝感	0.0412	0.0393	0.0354	0.0344	0.0392	0.0365	0.0303
荆州	0.0282	0.0285	0.0296	0.0290	0.0277	0.0221	0.0257

续表

地区	2008年	2009年	2010年	2011年	2012年	2013年	2014年
黄冈	0.0335	0.0332	0.0273	0.0277	0.0287	0.0302	0.0311
咸宁	0.0316	0.0286	0.0378	0.0368	0.0354	0.0365	0.0319
长沙	0.0428	0.0456	0.0419	0.0420	0.0413	0.0411	0.0371
株洲	0.0369	0.0334	0.0341	0.0360	0.0357	0.0354	0.0356
湘潭	0.0403	0.0382	0.0385	0.0364	0.0357	0.0372	0.0360
衡阳	0.0307	0.0297	0.0356	0.0341	0.0303	0.0309	0.0310
岳阳	0.0355	0.0359	0.0371	0.0368	0.0346	0.0357	0.0367
常德	0.0429	0.0421	0.0426	0.0446	0.0421	0.0447	0.0437
益阳	0.0417	0.0431	0.0448	0.0426	0.0420	0.0411	0.0403
娄底	0.0004	0.0046	0.0044	0.0012	0.0005	0.0009	0.0020
环鄱阳湖城市群[①]	0.0367	0.0379	0.0379	0.0377	0.0378	0.0372	0.0394
武汉城市圈	0.0363	0.0349	0.0342	0.0349	0.0361	0.0356	0.0344
环长株潭城市群	0.0339	0.0341	0.0349	0.0342	0.0328	0.0334	0.0328

注：①城市群整体一体化用各个城市群一体化得分的算术平均值表示。

第一，从空间上看，长江中游城市群空间差异显著，局部地区一体化逐渐呈低水平的均衡分布。具体表现在，2008～2014年，各城市群总体始终存在着变异程度相对分明的高值区和次高值区，如长株潭西北部地区、武汉城市圈东部地区是高值区，而环鄱阳湖城市群东南地区则属于次高值区；2008～2014年，环鄱阳湖城市群与长株潭城市群相邻区域城市群的变异程度则由带状高值区逐渐变成块状次高值区，整体表现出由西南地区逐渐向低水平过渡的局部均衡格局。可见，长江中游城市群一体化程度空间差异在逐渐缩小，但空间差异缩小的幅度有限。

第二，从时间上看，长江中游城市群一体化程度一直不高，长江中游各个城市群一体化程度差异仍然明显。具体表现在，长江中游城市群整体一体化和各子城市群的一体化得分一直不高；而从城市群内部来看，长株潭城市群一体化程度最高、武汉城市圈次之、环鄱阳湖城市群一体化程度最弱，并且2008～2014年三大城市群一体化程度的差距并未明显改善。可见，各组分融入长江中游城市群政策的实施并未达到预期效果，实施合作推进一体化战略显得尤为重要。显然，长江中游城市群一体化程度依然处于初中级发展阶段（王娟，2012；毕秀晶，2013）。

进一步分析，本书分别从六个维度测度长江中游城市群一体化，具体包含市场、产业分工、基础设施、城乡统筹、生态环境、社会发展与保障六大要素一体化。

二 区域市场一体化

（一）评价指标体系

一般而言，在完全市场条件下，商品可以自由流动，商品的价格也会呈趋同态势。市场一体化是区域一体化的必然要求，其实质是打破政策区域界线，使整个大市场要素、商品能够自由流动，进而推动区域一体化的实现。本书拟从商品市场一体化角度，对长江中游城市群市场一体化水平进行测度和过程分析，研究长江中游城市群市场整合情况。

本书具体采用四次价格法，需要三维（$t \times i \times k$）的面板数据，其中 t 为时间，i 为地区，k 为商品类别，对长江中游城市群而言，包含 2005 年、2007 年、2009 年、2011 年、2014 年 3 省 28 个地级市加三个省属直辖县市八大类商品的价格指数，具备时间、地点与商品种类三个维度，其中地区为湖北省武汉市、黄石市、鄂州市、黄冈市、孝感市、咸宁市、襄阳市、宜昌市、荆州市、荆门市，加上三个省级直辖市，仙桃市、潜江市、天门市；湖南省长沙市、株洲市、湘潭市、岳阳市、益阳市、常德市、衡阳市、娄底市；江西省南昌市、九江市、景德镇市、鹰潭市、新余市、宜春市、萍乡市、上饶市、抚州市及吉安市。考虑到指标的可得性，采用八大类居民消费价格指数来衡量，分别是食品、烟酒及用品、衣着、家庭设备用品及服务、医疗保健和个人用品、交通和通信、娱乐教育文化以及居住，数据来源于各省市统计年鉴和统计信息网。

（二）评价方法

本书采用四次价格法，分别对环鄱阳湖城市群、武汉城市圈、环长株潭城市群，以及长江中游城市群进行分析。

首先，对于环鄱阳湖城市群，地级市两两配对选取同分类价格指数，得到相对价格的差分 ΔQ_{ijt}^k，然后取绝对值 $|\Delta Q_{ijt}^k|$。该方法利用的是统计年鉴中的商品消费价格环比指数，并且通过取对数缓和了数据的异方差以及偏态性，具体公式如下：

$$\Delta Q_{ijt}^k = \ln\left(\frac{P_{it}^k}{P_{it-1}^k}\right) - \ln\left(\frac{P_{jt}^k}{P_{jt-1}^k}\right) = \ln\left(\frac{P_{it}^k}{P_{jt}^k}\right) - \ln\left(\frac{P_{it-1}^k}{P_{jt-1}^k}\right),$$

其中 k 表示第 k 类商品。通过绝对值的形式消除两两配对对地区的置放顺序影响［置放顺序的不同将影响 $std(\Delta Q_{ijt}^k)$ 的大小］，关于差分形的数据处理现有两种方法，标准差和方差，本书为了数据的易比较性，采用标准差的处理形式。此时，得到了 5 年八类商品 C_{10}^2 个配对地区共计 1440（$4 \times 8 \times C_{10}^2$）个差分形相对价格数据。其中，$P_{it}^k$ 为 i 城市 k 商品的价格指数，P_{jt}^k 为 j 城市 k 商品的价格指数，$std(\Delta Q_{ijt}^k)$ 为相对价格差分标准差。

第二步，为准确度量相对价格的方差，剔除由于选取商品的异质性而造成的不可加效应，利用去均值法消除 $|\Delta Q_{ijt}^k|$ 中由于选定商品而形成的固定效应。对 $|\Delta Q_{ijt}^k|$ 做 OLS 回归，残差值 q_{ijt}^k 是未被 $|\Delta Q_{ijt}^k|$ 解释的部分，公式如下：

$$|\Delta Q_{ijt}^k| = \beta\overline{|\Delta Q_t^k|} + \varepsilon, q_{ijt}^k = |\Delta Q_{ijt}^k| - \check{\beta} \times \overline{|\Delta Q_t^k|}$$

对于一个特定的商品 k 而言，q_{ijt}^k 不包括与自己特征有关的信息。

第三步，计算 q_{ijt}^k 的标准差，共计得到 180（$4 \times C_{10}^2$）个观测值。$std(\Delta Q_{ijt}^k)$ 度量了商品价格波动的范围，波动范围越大，则证明市场一体化指数越低。

第四步，将标准差按照地区合并得到地区市场一体化指数 $inte_{it}$（胡超，2013），合并方法为计算一个地区与其他所有地区方差的平均值，共计有 40（4×10）个观测值。

同理，武汉城市圈两两配对共有 $4\times 8\times C_{11}^2$ 个差分形相对价格数据，从而得到 $4\times C_{11}^2$ 个 std（ΔQ_{ijt}^k）数据，再合并为市场一体化指数 $inte_{it}$，得到 4×10 个观测值。环长株潭城市群地级市之间两两配对共有 $4\times 8\times C_8^2$ 个差分形相对价格数据，从而得到 $4\times C_8^2$ 个 std（ΔQ_{ijt}^k）数据，再合并为市场一体化指数 $inte_{it}$，得到 4×8 个观测值。最后对环鄱阳湖城市群、武汉城市圈、环长株潭城市群三个城市群两两配对，共有 $4\times 8\times C_{29}^2$ 个差分形相对价格数据，从而得到 $4\times C_{29}^2$ 个 std（ΔQ_{ijt}^k）数据，再合并为市场一体化指数，得到 4×29 个观测值。

市场一体化指数值越大表示区域市场一体化水平越低；相反，市场一体化指数越小表示市场一体化水平越高。

（三）评价结果分析

根据上一部分的评价方法得出四组一体化数据，包括环鄱阳湖城市群、武汉城市圈、环长株潭城市群，以及长江中游城市群的一体化指数，探究四个城市群一体化指数的变化差异。现分别对四组一体化数据进行分析。

1. 环鄱阳湖城市群一体化指数

2005~2014 年，环鄱阳湖城市群市场一体化程度整体呈上升的趋势，但区域内中心城市南昌一体化程度降低。其中，2005~2014 年，南昌市的市场一体化程度提高，但以空间为维度衡量，南昌市在环鄱阳湖城市群内，一体化水平反而降低，说明南昌市未充分发挥中心城市带动作用。宜春、上饶、鹰潭市场一体化水平呈显著提高的趋势。详见表 3-3。

表3-3 环鄱阳湖城市群市场一体化指数

年份 地区	2005~2007年	2007~2009年	2009~2011年	2011~2014年
南昌	0.018869	0.023748	0.020707	0.016286
景德镇	0.019493	0.025546	0.025845	0.014558
萍乡	0.020305	0.021254	0.024707	0.013511
九江	0.020773	0.023469	0.021404	0.012689
新余	0.019575	0.019615	0.022768	0.014798
鹰潭	0.025941	0.020416	0.023379	0.012703
宜春	0.022095	0.023557	0.020653	0.014227
吉安	0.023021	0.023685	0.021547	0.015334
抚州	0.016416	0.023329	0.022694	0.012882
上饶	0.022977	0.016859	0.016469	0.013710

2. 武汉城市圈一体化指数

2005~2014年，武汉城市圈市场化程度整体呈略微上升的趋势。其中，2005~2014年，武汉市场一体化水平略微提高，且在城市群内的市场一体化水平相对较高。鄂州市场一体化水平在城市群内相对较低，且没有明显改善的趋势。2005~2014年，咸宁、孝感、荆门、襄樊、宜昌市场一体化水平整体提高，但在区域内市场一体化程度相对减弱。详见表3-4。

表3-4 武汉城市圈市场一体化指数

年份 地区	2005~2007年	2007~2009年	2009~2011年	2011~2014年
武汉	0.018611	0.017700	0.017332	0.016699
黄石	0.019506	0.020877	0.018913	0.016447
宜昌	0.020153	0.020412	0.019010	0.018895
襄阳	0.019582	0.020003	0.021866	0.016938
鄂州	0.021795	0.022975	0.020172	0.018147
孝感	0.017541	0.023512	0.019288	0.017087

续表

年份 地区	2005~2007年	2007~2009年	2009~2011年	2011~2014年
荆州	0.018368	0.023224	0.020575	0.016952
黄冈	0.019648	0.017579	0.017595	0.015845
咸宁	0.019227	0.020197	0.017182	0.017284
省直辖县级市	0.019709	0.022548	0.022738	0.016202
荆门	0.019570	0.021416	0.015427	0.018543
武汉	0.018611	0.017700	0.017332	0.016699

3. 环长株潭城市群一体化指数

2005~2014年，环长株潭城市群市场一体化水平整体呈上升的趋势，长株潭市场一体化程度呈现趋同的趋势。常德市的一体化程度显著提高，一体化指数由0.023减少到0.017。衡阳市在区域内的市场一体化水平相对较弱，应加强消除商品贸易壁垒。详见表3-5。

表3-5 环长株潭城市群市场一体化指数

年份 地区	2005~2007年	2007~2009年	2009~2011年	2011~2014年
长沙	0.020382	0.024948	0.018658	0.016753
株洲	0.021319	0.024163	0.017483	0.014216
湘潭	0.019344	0.024720	0.016807	0.016760
岳阳	0.020175	0.028798	0.014237	0.017551
衡阳	0.021119	0.028791	0.014485	0.018895
益阳	0.020479	0.024911	0.017583	0.014224
常德	0.023221	0.028794	0.016585	0.016730
娄底	0.021227	0.020741	0.016303	0.016581

4. 长江中游城市群一体化演进格局

从空间上看，各城市群内部市场一体化逐渐形成局部均衡分布格局，但各城市群之间的市场整合能力仍须改善。具体表现在，2008~2014

表 3-6 长江中游城市群市场一体化指数

地区 年份	2005~2007 年	2007~2009 年	2009~2011 年	2011~2014 年
南昌	0.0208	0.0251	0.0209	0.0192
景德镇	0.0207	0.0265	0.0243	0.0195
萍乡	0.0185	0.0236	0.0233	0.0193
九江	0.0203	0.0235	0.0202	0.0198
新余	0.0180	0.0229	0.0221	0.0206
鹰潭	0.0220	0.0245	0.0195	0.0190
宜春	0.0231	0.0250	0.0199	0.0201
吉安	0.0233	0.0257	0.0201	0.0204
抚州	0.0235	0.0269	0.0176	0.0207
上饶	0.0208	0.0207	0.0179	0.0205
武汉	0.0205	0.0240	0.0198	0.0182
黄石	0.0233	0.0257	0.0204	0.0173
宜昌	0.0225	0.0243	0.0206	0.0197
襄阳	0.0212	0.0226	0.0234	0.0182
鄂州	0.0273	0.0258	0.0211	0.0216
孝感	0.0230	0.0260	0.0216	0.0189
荆州	0.0222	0.0267	0.0214	0.0194
黄冈	0.0211	0.0232	0.0197	0.0162
咸宁	0.0227	0.0272	0.0180	0.0161
省直辖县市（仙桃 潜江 天门）	0.0239	0.0224	0.0206	0.0181
荆门	0.0228	0.0230	0.0202	0.0190
长沙	0.0214	0.0236	0.0193	0.0182
株洲	0.0228	0.0248	0.0191	0.0164
湘潭	0.0230	0.0236	0.0204	0.0187
岳阳	0.0255	0.0273	0.0207	0.0202
衡阳	0.0227	0.0252	0.0194	0.0187
益阳	0.0231	0.0220	0.0175	0.0193
常德	0.0232	0.0241	0.0205	0.0194
娄底	0.0237	0.0240	0.0223	0.0213

年，武汉城市圈东北部和长株潭城市群南部地区逐渐呈市场分割带状低值区，而环鄱阳湖城市群南部地区逐渐形成市场分割次高值块状区；而2008~2014年，各子城市群之间的市场分割现象仍未有所改善，特别是各子城市群邻近区域市场整合能力的空间分异现象仍然严重。

从时间上看，长江中游城市群市场一体化程度略微提高，而环鄱阳湖城市群市场分割现象渐缓，长株潭城市群市场一体化程度逐渐提高。具体表现在，2008~2014年，长江中游城市群整体和各子城市群市场分割指数略微降低。可见，长江中游城市群市场分割现象依然严峻，特别是各城市群邻近区域市场整合能力亟待加强。

综上所述，可以得到以下几点。

第一，长江中游城市群整体呈现市场一体化程度增强的趋势，长江中游城市群的中心城市未有明显的带动作用。其中，2009~2014年，各个地级市的市场一体化水平提高的速度普遍加快，而南昌市在环鄱阳湖城市群内的一体化水平相对减弱。

第二，2011~2014年，环鄱阳湖城市群的市场一体化水平高于其他两个城市群市场一体化水平，但环鄱阳湖城市群总体经济实力依旧薄弱。环鄱阳湖城市群市场一体化水平提高的速率较高，特别是2011~2014年，环鄱阳湖城市群的各个地级市一体化指数的范围为0.013~0.017，武汉城市圈各个城市一体化指数的范围为0.016~0.019，而环长株潭城市群各个地级市一体化指数的范围为0.014~0.019。

然而，从三大城市群的地区生产总值比重发展趋势可知，环鄱阳湖城市群的地区生产总值比重呈下降的趋势，而武汉城市圈的地区生产总值比重呈上升的趋势。环鄱阳湖城市群市场一体化程度高，但环鄱阳湖城市群总体经济实力薄弱，且三个城市群经济实力的差距呈逐渐扩大的趋势。

环鄱阳湖城市群应利用自身市场一体化水平较高的特点，统一规划和整合各城市资源，发挥各城市的优势，同时，加强南昌的中心城市辐射能力，消除商品贸易壁垒，带动周边城市的经济发展，逐渐缩小与武汉城市圈的经济实力的差距。

第三，长江中游城市群各个城市的市场化水平整体上分别低于三个城市群的市场一体化水平，城市群与城市群之间的市场一体化水平相对较低。由表3-6可知，从三个城市群之间的联系角度分析，2011~2014年，长江中游城市群各个城市的市场化指数的范围为0.017~0.025，也就是说长江中游城市群各个城市的市场化水平整体上分别低于三个城市群的市场一体化水平，城市群与城市群之间的市场一体化水平相对较低，特别是环鄱阳湖城市群整体上在长江中游城市群内的一体化程度较低。

三个城市群之间应减轻贸易壁垒，通过行政政策，官方、民间组织加强城市群与城市群之间的经济往来，推动要素和商品的流动，特别是环鄱阳湖城市群，应把握机遇，加强与其他城市群的联系，加快市场一体化建设，缩小与其他城市群经济实力的差距，更好更快地实现中部地区崛起。

三 区域性产业分工一体化

（一）评价指标体系

本部分主要通过分析产业结构相似系数（刘杰，2013）和区域分工指数（赵勇、白永秀，2012）来定量衡量区域性产业发展布局一体化程度。

产业结构相似系数数据来源于各省的统计年鉴，通过两省两两配比来衡量，根据产业结构相似系数的分析方法需要三维（$t \times i \times k$）的面板数据。其中，t为时间，选取了2000~2014年的数据；i为地区，包括江西省、湖南省、湖北省；k为第一产业、第二产业、第三产业占GDP的比例。

区域分工指数数据来源于国研网的工业统计数据库，通过两省两两配比来衡量，根据方法同样需要三维（$t \times i \times k$）的面板数据。考虑到指标的易得性和数据的科学性，选取的 t 时间，分别为 2012 年、2013 年、2014 年；i（地区）包括江西省、湖南省、湖北省；k 为工业大类的 41 小类指标的主营业务收入，由于销售产值 2012 年以后停用，所以用主营业务收入代替，特别地，如附录 1-1 所示，其中石油和天然气开采业、开采辅助活动、其他采矿业的数值为零。

（二）评价方法

可以用产业结构相似系数验证赣鄂湘产业结构趋同的情况，具体公式如下：

$$S_{ij} = \frac{\sum_{k=1}^{n} X_{ik} X_{jk}}{\sqrt{\sum_{k=1}^{n} X_{ik}^2 \sum_{k=1}^{n} X_{jk}^2}}$$

式中，S_{ij} 为 i 地区和 j 地区产业结构的相似系数，其中 i 地区为被比较的区域，j 地区为参照区域；X_{ik} 和 X_{jk} 分别是产业 k 在 i 地区和 j 地区地区生产总值中的比重。S_{ij} 的阈值范围为 [0, 1]，若 $S_{ij}=0$，则表示两地区的产业结构完全不同；若 $S_{ij}=1$，则表示两区域产业结构一致。产业结构相似系数越高说明产业结构趋同性越强。

区域分工指数由保罗·克鲁格曼提出，可以用于验证区域分工程度，具体公式如下：

$$S_{jk} = \sum_{i=1}^{n} |q_{ij}/q_j - q_{ik}/q_k|$$

式中，q_{ij} 和 q_{ik} 分别表示 j 地区和 k 地区产业 i 的产值，q_j 和 q_k 是各地区的制造业总产值；S_{jk} 为区域分工指数，S_{jk} 的阈值范围为 [0, 2]。其值越大表示行业结构差异程度越高，区域分工程度越强，反之结果相反。

（三）评价结果分析

产业结构相似系数的数据源来自各省各年各产业占地区生产总值的

比重,具体数据如表 3 – 7。

表 3 – 7　赣鄂湘三省各产业占地区生产总值的比重

单位：%

地区	江西省			湖南省			湖北省		
指标	第一产业比重	第二产业比重	第三产业比重	第一产业比重	第二产业比重	第三产业比重	第一产业比重	第二产业比重	第三产业比重
2000 年	24.20	35.00	40.80	22.10	36.40	41.50	18.70	40.50	40.80
2001 年	23.30	36.10	40.60	21.50	36.90	41.60	17.80	40.60	41.60
2002 年	21.90	38.50	39.60	20.40	36.70	42.90	16.80	40.60	42.60
2003 年	19.90	42.90	37.20	19.00	38.10	42.90	16.80	41.10	42.10
2004 年	19.20	45.30	35.50	18.10	38.80	43.10	18.10	41.20	40.70
2005 年	17.90	47.30	34.80	16.70	39.60	43.70	16.40	43.30	40.30
2006 年	16.30	50.20	33.50	16.50	41.50	42.00	15.00	44.20	40.80
2007 年	15.60	51.30	33.10	17.20	42.10	40.70	14.80	44.40	40.80
2008 年	15.20	51.00	33.80	16.40	43.50	40.10	15.70	44.90	39.40
2009 年	14.40	51.20	34.40	15.10	43.50	41.40	13.80	46.60	39.60
2010 年	12.80	54.20	33.00	14.50	45.80	39.70	13.50	48.60	37.90
2011 年	11.90	54.60	33.50	14.10	47.60	38.30	13.10	50.00	36.90
2012 年	11.80	53.60	34.60	13.60	47.40	39.00	12.80	50.30	36.90
2013 年	11.40	53.50	35.10	12.60	47.10	40.30	12.60	49.30	38.10
2014 年	10.70	53.40	35.90	11.60	46.20	42.20	11.60	46.90	41.50

资料来源：中经网统计数据库。

从表中可知,江西、湖南、湖北三省的第一产业占地区生产总值的比重逐年降低,第二产业占地区生产总值的比重逐年增加,江西省的第三产业占地区生产总值的比重落后于其他两省。由表 3 – 7 可知,赣鄂湘三省的第一产业占地区生产总值的比重逐年降低,说明赣鄂湘三省经济发展逐渐摆脱以农业为主,发展重心转向第二和第三产业。第二产业占地区生产总值的比重逐年增加,但最近三年第二产业占地区生产总值的比重无明显增加,说明三省都需要加强产业升级,提高以制造业为主的第二产业的竞争优势。特别地,江西省的第三产业占地区生产总值的比重落后于其他两省，江西省需要加强以服务性产业为主的第三产业建设，引进第三产业相关人才，推行各项政策促进第三产业发展。

经过数据处理，代入产业结构相似系数公式，得出如下结果。

表 3-8 赣鄂湘三省产业结构相似系数

年份 地区	江西和湖南	江西和湖北	湖南和湖北
2000	0.995384	0.957508	0.980732
2001	0.997496	0.964496	0.980494
2002	0.998919	0.978617	0.984319
2003	0.992901	0.994715	0.984147
2004	0.989855	0.996764	0.987596
2005	0.988005	0.993413	0.997567
2006	0.984475	0.989418	0.998232
2007	0.981414	0.976762	0.998392
2008	0.984836	0.978292	0.998390
2009	0.986390	0.993951	0.998241
2010	0.986055	0.993514	0.998508
2011	0.991327	0.996200	0.998987
2012	0.993034	0.998107	0.998398
2013	0.991788	0.996848	0.998757
2014	0.991804	0.993654	0.999879

总体上说，赣鄂湘三省的产业结构趋同程度高。由表 3-8 可知，三省两两配比的产业结构相似程度基本超过 0.97，三省的产业结构趋同性很高，特别地，近三年赣湘、赣鄂、湘鄂产业结构相似系数都超过 0.99。其中，湘鄂两省的产业结构相似系数高于赣湘和赣鄂，趋同化程度更高。

由于三次产业占地区生产总值衡量的产业结构相似系数较高，难以明确地看出区域分工的情况；由于三省的第二产业比重都较高，所以以 41 个工业小类为指标，通过区域分工系数来进一步分析赣鄂湘三省产业分工的情况。

根据国研网工业统计数据库数据，得出附录 1-1 的数据。图 3-1 展示了2014年江西省41个工业小类比重分布图,① 可以看出, 江西省工业占比排名前六的工业产业为有色金属冶炼和压延加工业、化学原料和化学制品制造业、非金属矿物制品业、电气机械和器材制造业、黑色金属冶炼和压延加工业、农副食品加工业。原因是江西省内矿产资源相对丰富, 铜、钨、稀土等矿储量居全国前列。由图可知, 矿产加工业占工业大类的比重逐年下降, 而电气机械和器材制造业等制造业的比重在逐年上升, 但上升的速度较慢, 说明江西省应加大产业结构优化升级力度, 充分利用现有资源, 促进产业重心从粗放型的矿产加工业转向高附加值精密制造业。

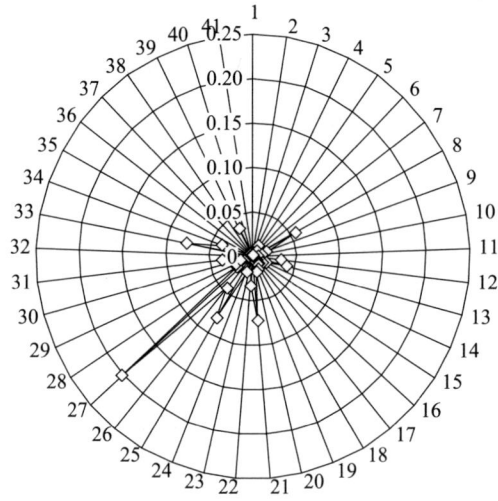

图 3 - 1　2014年江西省41个工业小类比重（%）

注: 具体类别见注释①。

① 06 煤炭开采和洗选业 07 石油和天然气开采业 08 黑色金属矿采选业 09 有色金属矿采选业 10 非金属矿采选业 11 开采辅助活动 12 其他采矿业 13 农副食品加工业 14 食品制造业 15 酒、饮料和精制茶制造业 16 烟草制品业 17 纺织业 18 纺织服装、服饰业 19 皮革、毛皮、羽毛及其制品和制鞋业 20 木材加工和木、竹、藤、棕、草制品业 21 家具制造业 22 造纸和纸制品业 23 印刷和记录媒介复制业 24 文教、工美、体育和娱乐用品制造业 25 石油加工、炼焦和核燃料加工业 26 化学原料和化学制品制造业 27 医药制造业 28 化学纤维制造业 29 橡胶和塑料制品业 30 非金属矿物制品业 31 黑色金属冶炼和压延加工业 32 有色金属冶炼和压延加工业 33 金属制品业 34 通用设备制造业 35 专用设备制造业 36 汽车制造业 37 铁路、船舶、航空航天和其他运输设备制造业 38 电气机械和器材制造业 39 计算机、通信和其他电子设备制造业 40 仪器仪表制造业 41 其他制造业 42 废弃资源综合利用业 43 金属制品、机械和设备修理业 44 电力、热力生产和供应业 45 燃气生产和供应业 46 水的生产和供应业。

同样，通过附录1-2湖北省41个工业小类比重数据作图3-2。湖北省工业占比排名前六的产业为非金属矿物制品业，农副食品加工业，汽车制造业，化学原料和化学制品制造业，电力、热力生产和供应业，黑色金属冶炼和压延加工业。湖北省各年的工业占比前六的产业大部分为制造业，且制造业比重逐年增加，金属类加工业逐年减少，原因是湖北省采取集群方式优先发展了以汽车制造业为主体的产业链长、辐射面宽、带动作用大的现代制造业和以冶金、建材为主的对城市圈经济有较大作用的基础性行业。

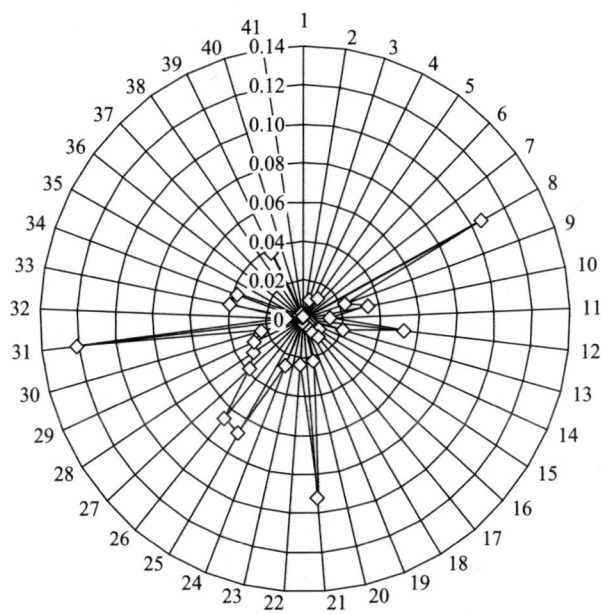

图3-2 2014年湖北省41个工业小类比重（%）

类似地，得到湖南省41个工业小类雷达图（图3-3）。湖南省工业占比排名前六的产业为专用设备制造业、有色金属冶炼和压延加工业、化学原料和化学制品制造业、农副食品加工业、非金属矿物制品业、黑色金属冶炼和压延加工业。湖南省工业粗加工业的比重逐年减少，且湖南省的产业结构相对固定（附录1-3）。

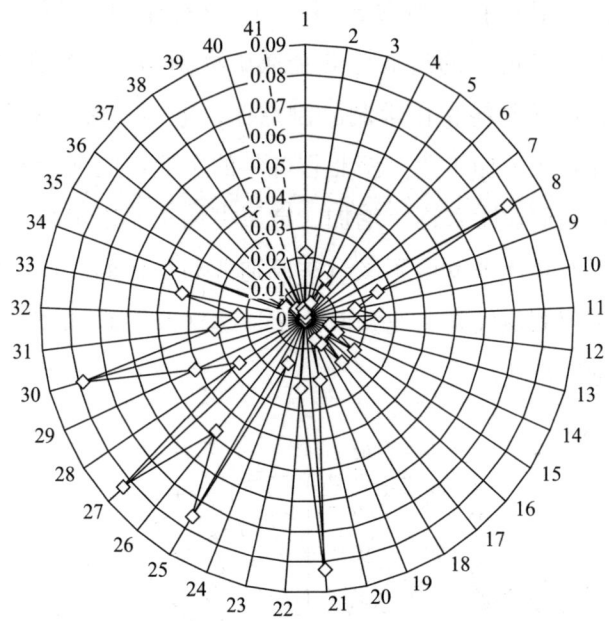

图 3-3　2014 年湖南省 41 个工业小类比重（%）

由图 3-1、图 3-2、图 3-3 可以看出，总体而言，江西省与湖北省、江西省与湖南省的行业差异度较大。通过上述数据整理得出区域分工指数。由图 3-4 可知，2012~2014 年的赣鄂区域分工系数波动范围为

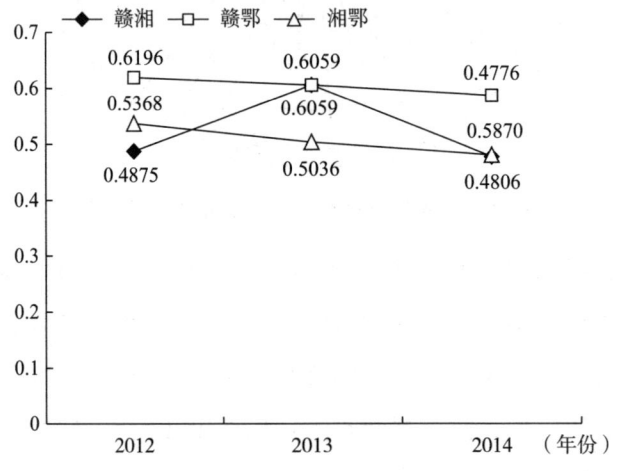

图 3-4　赣鄂湘区域分工指数

0.47～0.61，2012～2014 年的赣湘区域分工系数波动范围为 0.48～0.60，两者的分工系数均高于 2012～2014 年湘鄂两省的分工系数波动范围 0.48～0.53，说明江西省与湖北省、江西省与湖南省的行业差异度较大，江西省应抓住这个特点，寻找自身的优势，推进区域内产业分工体系的建立，更有效地利用资源，南昌要提升高端要素集聚的功能，重点发展航空及新型材料等产业，充分利用区域内矿产资源丰富的优势，渐渐使粗放型的加工业转向精细化的制造业，提高环鄱阳湖城市群整体经济效益，成为中部崛起的新的增长极。

综上所述，可以得到以下几点。

第一，长江中游城市群产业结构趋同程度较高。产业发展重心从第一产业转向第二产业及第三产业，长江中游城市群必须加快第二产业的产业升级，进行产业结构优化，提高第二产业增长的内生动力。江西省的第三产业占比落后于其他两省，需要加强以服务业为代表的第三产业建设，营造金融发展的投资环境，促进批发零售业及住宿餐饮业的优化升级，使第三产业成为江西省经济发展新的增长点，缩小与湘鄂两省经济实力的差距。

第二，三省的工业发展由自然资源的初加工渐渐转向深加工，发展重心渐渐由加工业转向制造业。江西省应顺应趋势，有色金属行业要以发展精深加工、提升品种质量为重点，以轻质、高强、大规格为发展方向，满足战略性新兴产业及国家重大工程的需求，在区域内形成产业优势。同时，江西省应加大制造业的政策扶持力度，提高南昌的中心辐射能力，强化昌北经济开发区、高新技术开发区的引领作用，全面提升制造业基地水平。

第三，赣湘和赣鄂的区域分工程度均大于湘鄂两省。江西省应寻找自身的优势，推进区域内产业分工体系的建立，从而更好地融入赣鄂湘城市群。

（四）产业分工一体化空间演进格局

为探索研究区的产业分工状况，建立区域分工指数来评价 2008~2014 年长江中游城市群产业分工一体化。同时，为了便于观察，结合相关研究成果（孟德友、陆玉麒，2012），分别取各地市与其他地市区域分工指数平均值来探讨研究区域产业分工一体化。

从空间上看，2008~2014 年，三个城市群内部产业互补程度在空间上分布不均匀，还未形成分工合作、优势互补的空间格局。从时间上看，2008~2014 年，长江中游城市群产业同构现象突出，而且长江中游城市群产业分工程度未有明显改善。具体表现在，长江中游城市群整体产业分工指数一直较低，并且环鄱阳湖城市群与长株潭城市群、长株潭城市群与武汉城市圈之间的区域产业分工指数也较低。可见，长江中游城市群要兼顾各子城市群内部和子城市群之间的产业分工协作机制建设。

四 基础设施一体化

（一）评价指标体系

基础设施是区域各项经济活动的重要载体，区域经济一体化需要基础设施一体化做重要支撑。基础设施包括经济性和社会性两类，前者主要包括交通和邮电通信设施，后者主要包括教育、医疗等设施，由于后文社会发展与社会保障体系会评价社会性基础设施，故本部分只衡量经济性基础设施指标（李玉涛，2015）。考虑到指标的可获得性，以人均公路里程、万人客运量、人均货运量来衡量交通设施一体化，以人均邮电业务量、上网密度、电话（固定和移动）普及率来衡量信息一体化。交通设施一体化和信息一体化均需三维（$t \times i \times k$）面板数据，其中 t 为时间，选取了 2011~2014 年的数据；i 为地区，包括江西省、湖南省、湖北省；k 为指标类别。

（二）评价方法

评估基础设施一体化，以时间为维度，分别对江西省、湖南省和湖北省的各项指标做趋势分析并评价，再利用变异系数法考察各单项指标三省之间的一体化水平差距。变异系数能用于比较不同时间和不同指标的不均等状况（吴媚、顾赛赛，2010），变异系数（cv）是标准差与均值的比值，具体公式如下：

$$cv = \frac{\sigma}{\overline{X}} \times 100\%, \text{其中，标准差 } \sigma = \sqrt{\frac{\sum_{i=1}^{n}(x_i - \overline{x})^2}{n}}$$

x_i 为变量个体，$\overline{x}$ 为变量平均值，n 为变量个数。变异系数越小，变异程度越小，即一体化程度越高。

（三）评价结果分析

赣鄂湘三省省内的信息一体化水平逐年提升。首先，对江西省、湖南省和湖北省的基础设施一体化进行分析。由图 3-5 可知，2011~2013 年赣鄂湘三省省内的上网密度、人均邮电业务量、电话普及率数值逐年提升，也就是说三省省内的信息一体化水平逐年提升。江西省内上网密度、人均邮电业务量、电话普及率的数值均小于其他两省，也就是说江西省内信息一体化水平弱于其他两省，江西省需要加大信息建设力度，提高信息传播的速度。

2011~2013 年，赣鄂湘三省人均公路里程变化幅度不大，江西省内人口流动速度相对较低，物流的流通速度加快。江西省万人客运量落后于湖南、湖北，说明江西省内人口流动速度相对较低，人均货运量三省大体呈上升趋势，物流的流通速度大体加快，也就是说商品和要素的流动加快。

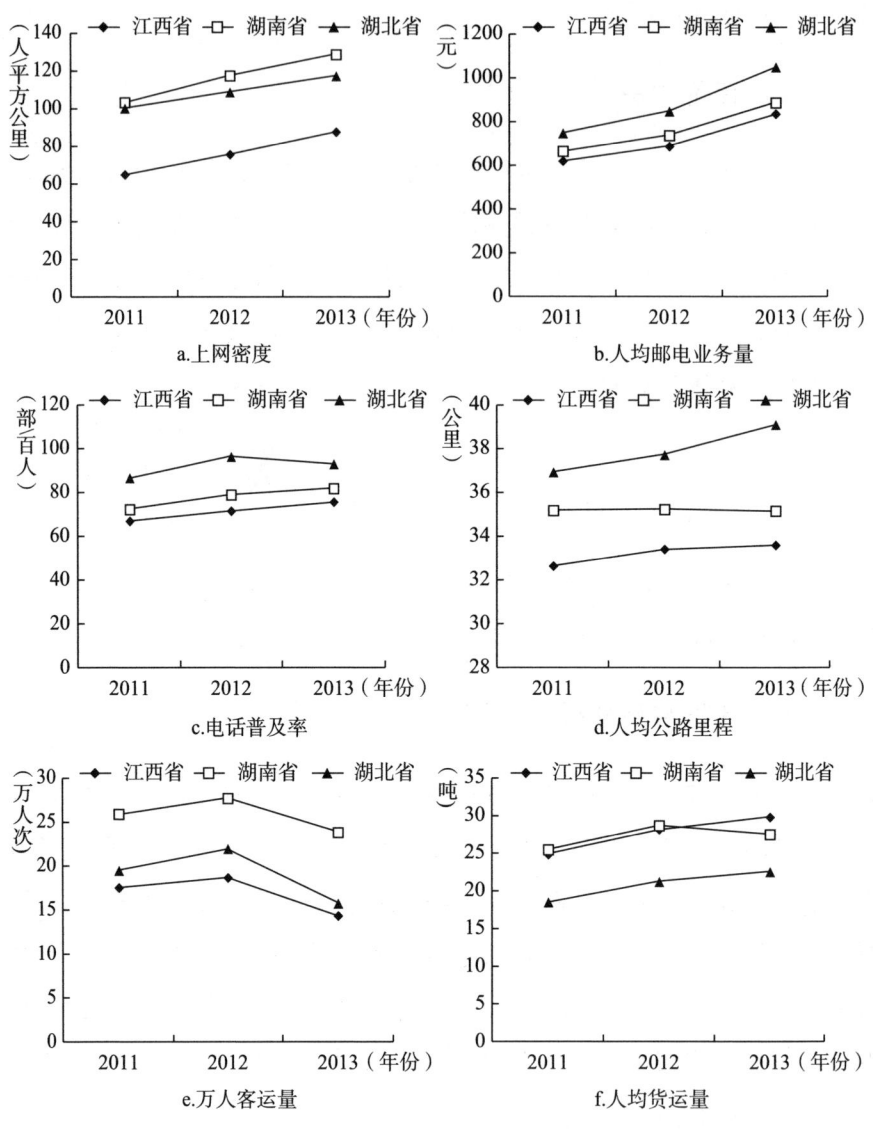

图3-5 赣鄂湘三省基础设施比较

江西省网络基础设施建设落后于湘鄂两省。本书根据变异系数，求出各指标不同时间的一体化程度。由图3-6可知，2011~2013年上网密度变异系数波动范围为0.15~0.19，总体上偏离程度相对于其他指标更高，主要是由于江西省落后于其他两省，江西省应加大网络基础设施建设力度，提高上网密度，普及网络知识，加快信息传播速度。

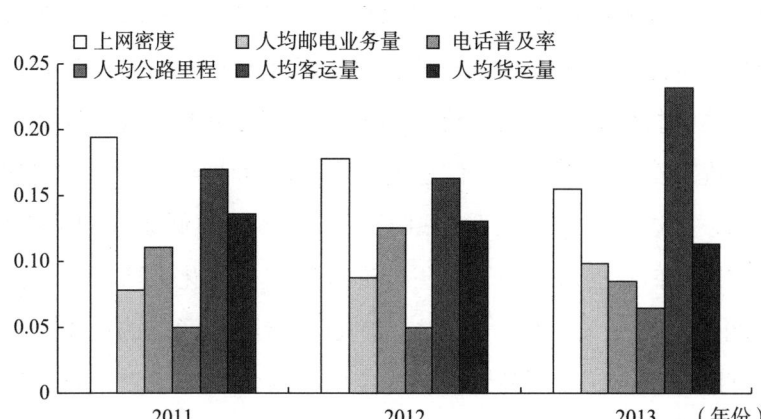

图3-6 赣鄂湘基础设施一体化指数变异系数

江西省的信息设施一体化建设应以网络建设为重心，逐渐缩小与湘鄂两省信息传播速度的差距。2011~2013年人均邮电业务量变异系数波动范围为0.07~0.10，2011~2013年电话普及率变异系数波动范围为0.08~0.12，两个指标的变异系数均相对较小，即赣鄂湘三省人均邮电业务量和电话普及率的偏离程度较小，说明江西省的信息设施一体化建设要以网络建设为重心，逐渐缩小与其他两省信息传播速度的差距。

赣鄂湘公路建设投入力度相近，湖北省的人口流动速度最快，江西省货物流动速度较快。2011~2013年人均公路里程的变异系数波动范围为0.04~0.06，三省的人均公路里程偏离程度最小，赣鄂湘公路建设投入力度相近。2011~2013年万人客运量的变异系数波动范围为0.16~0.23，万人客运量的偏离程度较高，江西省、湖北省万人客运量的数值落后于湖南省，江西省应推进省内民生交通建设，加快省内的人口流动速度。2011~2013年人均货运量变异系数的波动范围为0.11~0.13，江西省、湖南省人均货运量数值高于湖北省，说明江西省在区域内物流的流动速度较快。

综上所述，可以得到以下几点。

第一，江西省基础设施建设整体水平落后于其他两省。江西省应吸收其他两省的经验，按照规划合理、适度超前的原则，加大基础设施建设投入力度，特别是网络设施建设和民生交通建设的投入，吸纳社会各界资本，提升江西省内人流、信息流的速率，缩小与其他两省的差距。

第二，推进电信网、互联网融合，形成高效的低成本的网络体系，建立三省区域信息交流体系。三省的通信设施一体化，除了加大落后省份（江西省）的投入力度，三省之间应进一步降低通信的成本。推进电信网、互联网融合，形成高效的低成本的网络体系，建立三省区域信息交流体系，促进经济一体化。

第三，三省之间应建立便捷高效的交通运输体系，降低三省之间的运输成本。促进交通设施一体化，继续强化各省内的交通建设，促进人流、物流的高效流动，使商品和要素更有效率地得到利用，同时，三省之间需要建立便捷高效的交通运输体系，降低三省之间的运输成本，比如降低或取消三省之间高速运输费用，强化三省的集聚和辐射功能，完善交通建设体系。发展多层次立体化的城市交通系统，建立四通八达的交通网络。

（四）基础设施一体化空间演进格局

为探索研究区的基础设施建设的完善程度，采用熵值法对基础设施一体化指数进行评价。

从空间上看，各子城市群相邻区域基础设施联系日益紧密，但中心城市的联系仍须改善。具体表现在，2008~2014年，环鄱阳湖城市群与长株潭城市群相邻区域（长沙、株洲、萍乡、宜春等）逐渐形成次高值带状分布区，基础设施联系日益紧密，奠定了一体化发展的"硬件"基础，但各中心城市的基础设施联系不紧密，将制约长江中游城市群一体化的发展。

从时间上看，2008~2014年，长江中游城市群基础设施一体化程度有所提高，环鄱阳湖城市群基础设施建设一体化均强于其他两个城市群。可见，完善基础设施的突破口在于突出交通网络支点，强化中心城市交通枢纽效应。

五 生态环境一体化

(一) 评价指标体系

环境保护是城市发展的基础，生态建设能创建更具吸引力的投资环境。考虑到数据的易得性、科学性，本书采用单位GDP耗水量、城市生活垃圾无害化处理率、工业固体废弃物综合利用率、人均造林面积、建成区绿化覆盖率来定量地分析环境保护与生态建设一体化程度。单位GDP耗水量衡量资源节约和合理利用程度，城市生活垃圾无害化处理率和工业固体废弃物综合利用率从人民生活和工业的角度衡量对垃圾的处理合理性。生态建设从人均造林面积和建成区绿化覆盖率进行定量衡量（罗上华等，2003）。本书需要三维（$t \times i \times k$）面板数据，原始数据来源于中经网数据统计库，其中 t 为时间，选取了2006~2013年的数据；i 为地区，包括江西省、湖南省、湖北省；k 为指标类别。

(二) 指标处理方法

本部分以时间为维度，分别对江西省、湖南省、湖北省的各项指标做趋势分析并评价，再利用变异系数法考察各单项指标三省之间的一体化水平差距。根据变异系数能用于比较不同时间和不同分类指标的不均等状况，纵向对比各类分指标的一体化程度。

(三) 评价结果分析

首先对赣鄂湘三省省内的各项分类数据做趋势分析。由图3-7可知，2006~2013年，赣鄂湘三省单位GDP耗水量逐年下降，说明赣鄂湘三省转变了水资源利用方式，水资源利用率提高。但江西省每万元耗水量在区域内仍较高，江西省应深入分析水资源及环境承载力，充分考虑经济有效性，提高水资源利用率，发掘水资源的最大潜能。2006~2013

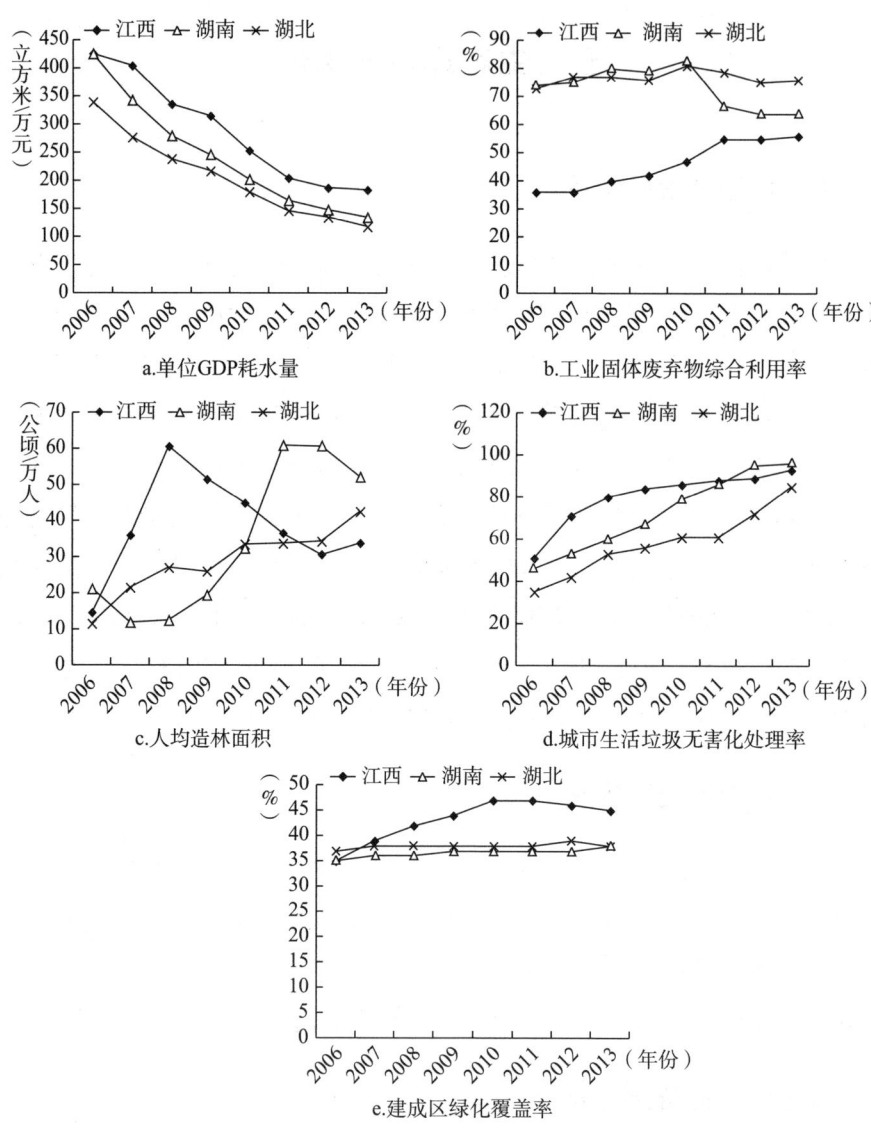

图3-7 赣鄂湘三省环境保护与生态建设情况比较

年,江西省的工业固体废弃物利用率呈上升趋势,但仍落后于其他两省的工业固体废弃物利用水平。2006~2013年,江西省城市生活垃圾无害化处理率呈上升趋势,且江西省城市垃圾无害化处理水平在区域内较高,特别是近三年,无害化处理率高达90%,说明江西省重视城市环境保护,大力推行了生活垃圾分类和处理试点,构建了生活垃圾处理体系。

江西省每万人人均造林面积在2006~2008年呈逐年上升趋势,但2008~2012年呈逐年下降趋势,2012~2013年,呈短暂上升的趋势,近两年,江西省人均造林面积落后于其他两省。2006~2013年,赣鄂湘三省的建成区绿化覆盖率整体呈上升趋势,根据城市园林绿化评价标准,2007年以后各省的绿化覆盖率都大于36%,属于"良好"档次,特别是2008年以后的江西省建成区绿化覆盖率超过40%,属于"优秀"档次,江西省区域内的建成区绿化水平较高,说明江西省重视城市绿化建设,确定了合理的绿化项目。

本书根据上述数据,求出各指标变异系数,比较不同时间、不同指标的一体化程度,数据根据中经网整理而得。

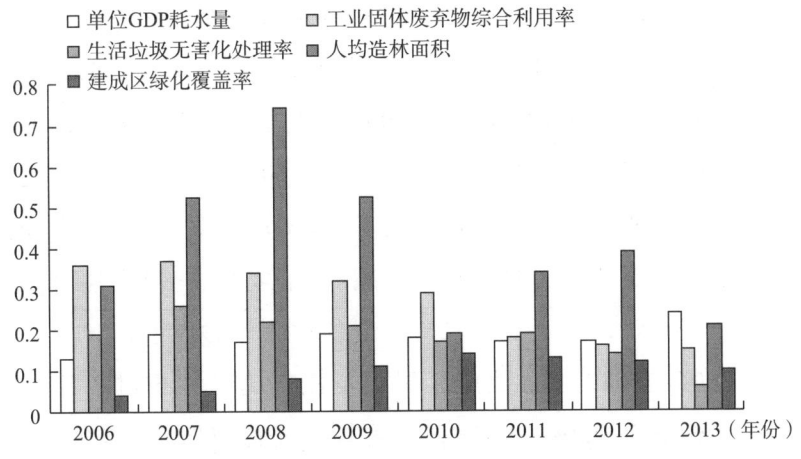

图3-8 赣鄂湘三省各类环境保护与生态建设一体化变异系数

赣鄂湘三省单位GDP耗水量趋同程度较高。由图3-8可知,2006~2013年赣鄂湘单位GDP耗水量的变异系数相对较小,且变异系数波动范围为 0.13~0.24，整体波动范围相对不大，说明赣鄂湘三省单位 GDP 耗水量趋同程度较高，但 2012~2013 年，单位 GDP 耗水量变异系数从 0.17 变为 0.24，原因是江西省水资源开发利用率变低，用水粗放的现状未明显改善，与其他两省的水资源利用水平差距增大。

赣鄂湘三省工业固体废弃物综合利用率趋同性增强，但江西省工业固体废弃物综合利用率仍落后于湘鄂两省。2006~2013 年，工业固体废弃物利用率呈逐年下降趋势，变异系数波动范围为 0.15~0.36，说明赣鄂湘三省工业固体废弃物综合利用率趋同性增强，但江西省工业固体废弃物综合利用率仍落后于其他两省，江西省应加强能源资源的循环利用率，在各大经济园区开展产业生态化建设。

赣鄂湘三省生活垃圾无害化处理水平趋同性增强。2006~2013 年，城市生活垃圾无害化处理率的变异系数呈逐年下降趋势，变异系数的波动范围为 0.06~0.26，生活垃圾无害化处理水平趋同性增强，特别是 2012~2013 年赣鄂湘三省的生活垃圾处理率变异系数由 0.14 变为 0.06，说明赣鄂湘三省均重视城市垃圾处理问题。

人均造林面积变异系数整体呈倒 U 形趋势。2006~2013 年，人均造林面积变异系数整体呈倒 U 形趋势，即整体呈先增后减的趋势，变异系数的波动范围为 0.19~0.74，2008 年三省人均造林面积的偏离程度最高，原因是江西省的人均造林面积达到 60.29 公顷/万人，远远高于湖南省的 11.99 公顷/万人和湖北的 21.56 公顷/万人，但 2008~2012 年，江西省的人均造林面积逐年减少，仅 2012~2013 年有小幅度的短暂提升，因此，江西省应保持因地制宜造林的政策，实行生态文明建设。2006~2013 年，建成区绿化覆盖率趋同性相对较高，变异系数的波动范围为 0.04~0.14，原因是三省都将城市绿化作为重要规划。

综上所述，可以得到以下几点。

第一，江西省资源开发利用率较低，粗放型资源使用现状未明显改善。为此，江西省应做到节源优先，依靠科学技术高效利用资源，优化产业结构，逐渐减少高耗能行业。完善监督机制，使工业发展和节能发展同步进行。同时，加强舆论宣传，增强全社会的资源利用意识。

第二，江西省资源的循环利用率较低。江西省应立足于现实，选择重要园区，试点实行资源的循环利用，创新财政税收政策，鼓励资源循环利用企业的发展。

第三，生活垃圾无害化处理水平和建成区绿化覆盖率趋同程度较高。区域内三省都重视涉及民生的环境保护问题，生活垃圾无害化处理水平和建成区绿化覆盖率趋同程度较高，江西省应保持相关投入力度，稳步推进涉及民生的生态建设。

第四，江西省的人均造林面积相对较低。应坚持按照适地适树的原则，因地制宜地植树造林，恢复森林植被，实施生态文明建设。生态文明建设是江西省融入长江经济带的重要挑战。

（四）生态环境一体化演进格局

为对生态环境建设的合作状态进行把握，采用熵值法对 2008～2014 年长江中游城市群生态环境一体化进行评价。

从空间上看，长江中游城市群部分地区逐渐呈"大保护"均衡分布格局。具体表现在，2008～2014 年，武汉城市圈西南部、长株潭城市群东部与环鄱阳湖城市群西部地区逐渐形成块状次高值区，其特征是生态优势显著；而长江中游城市群生态环境逐渐呈现高水平的局部均衡分布，反映在其高水平生态环境的区域面积较小。

从时间上看，2008～2014 年，长江中游城市群生态环境的差异未见明显改善，长江中游城市群虽然有得天独厚的自然条件，但生态环境建设差异性仍然存在。可见，长江中游城市群生态环境一体化重点在于拓宽"大保护"覆盖区域的广度，将更多的城市纳入生态环境一体化建设。

六 社会发展与保障体系建设一体化

(一) 评价指标体系

根据国家统计局全面建设小康社会统计监测体系,社会发展主要有经济发展、社会和谐、生活质量等方面,本书遵循评价指标体系选取的科学性、系统性、数据可得性的原则,避免与前部分的指标有所冲突,主要从经济发展方面来定量衡量社会发展水平,包括用地区生产总值增长率/人口增长率定量衡量经济增长的速度,用城乡人口比从人口的角度衡量城市化水平,从一定程度上反映结构调整的状况。本部分主要从基本公共教育、医疗卫生两方面衡量社会保障体系,保证基本公共教育的实行是基本的社会保障,而医疗卫生的建设也是社会保障的重要组成部分,其中小学生师生比、初中生师生比,反映九年义务教育阶段的教育状况;用每万人拥有的卫生机构数来衡量医疗卫生的投入程度,用每万人拥有的卫生机构的床位数衡量基本卫生医疗的服务水平。本部分需要三维($t \times i \times k$)面板数据,原始数据来源于中经网数据统计库,其中 t 为时间,选取了2005~2013年的数据;i 为地区,包括江西省、湖南省、湖北省;k 为指标类别。

(二) 评价方法

评估赣鄂湘三省的社会发展与社会保障体系建设一体化,首先整理数据,先分省对各项指标进行趋势分析,再利用变异系数法,从单项指标的视角,比较不同时间和不同指标的不均等状况。

然后根据长江中游城市群各地级城市具体指标,计算社会发展与保障体系建设一体化综合指数。

（三）赣鄂湘省域差异分析

首先，根据中经网数据整理得到各省分类指标。

赣鄂湘三省经济发展速度具有趋同性。由图3-9可知，2005~2007

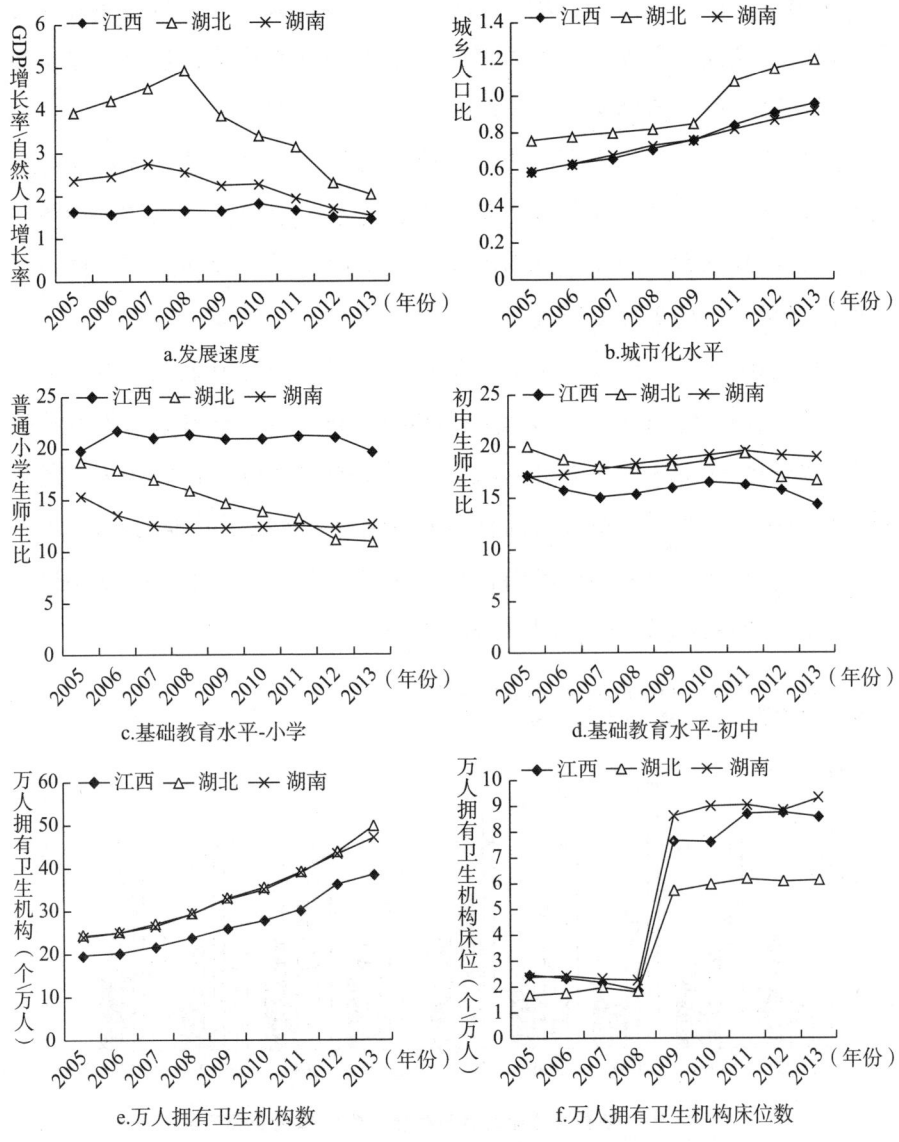

图3-9 赣鄂湘社会发展与社会保障建设情况比较

年三省经济增速加快；2007~2009年，经济增长速度波动范围不大；2010~2013年，经济增长速度放缓。三省的经济增速，从"量"的增长渐渐转移到"质"的增长，根据前一部分市场一体化可知，三省都着眼于优化产业结构，实现保持稳增长的趋势。特别是，从GDP/人口自然增长率来考虑，江西省的经济增长还有很大潜力。赣鄂湘三省城市化水平逐年提升。从人口角度，城乡人口比呈逐年增加的趋势，也反映了劳动力要素从第一产业流向第二、三产业。

赣鄂湘三省的基础教育师资配置化均等程度较高。从普通小学生师生比、普通中学生师生比角度可知，三省的中小学生师生比波动范围不大，三省对基础教育的投入相对稳定。从整体上看，赣鄂湘三省的基础教育师资配置化均等程度较高。

赣鄂湘医疗卫生投入支出呈增长趋势。万人拥有卫生机构数和万人拥有卫生机构床位数呈增长的趋势，2008~2009年，三省数值增长幅度增大，说明医疗卫生投入力度加大。江西省的卫生投入程度较大，但仍须提高卫生服务水平，每万人拥有的卫生床位数落后于其他两省。

本部分根据上述数据，求出各指标变异系数，比较不同时间不同指标的一体化程度，根据中经网数据整理而得。

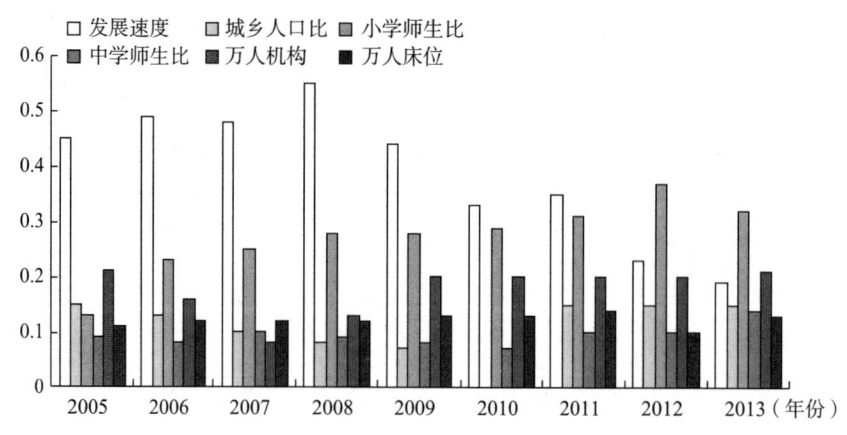

图3-10 赣鄂湘社会发展与社会保障一体化变异系数

赣鄂湘三省的经济增速差异减小。由图 3 – 10 可知，2005~2013 年，发展速度的变异系数呈逐年减小的趋势，从 2005 年的 0.45 下降至 2013 年的 0.19，说明赣鄂湘三省的经济增速差异减小，各省经济增幅的均等化在提高。

赣鄂湘三省城市化水平呈现趋同性。城乡人口比的变异系数较小，且波动较为稳定，特别是近三年，城乡人口比的变异系数几乎没变，反映出三省的城市化水平均等化程度很高且很稳定。

江西省小学师资配置落后于鄂湘两省，中学师资配置呈现趋同性。江西省小学师生比的变异系数总体呈上升趋势，主要原因是江西省的小学师生比的数值较高，江西省应加强小学教育的师资配置。中学师生比的变异系数很小，系数的值的波动范围也很小，从 2005 年的 0.09 至最高的 2013 年的 0.14，说明三省的初中基础教育师资的配置均等化程度较高。

医疗卫生支出呈现趋同性。医疗卫生支出万人拥有卫生机构数的变异系数整体较为稳定，2007 年达到最低值，说明当年的医疗投入水平大致相同。2009~2013 年，万人拥有卫生机构数量的变异系数大致未变，医疗投入的差异程度未发生变化。万人拥有卫生机构床位数的变异系数较小，卫生机构床位数配置的均等化程度较高，江西省应提高每万人的床位数，三省的均等化程度也将进一步提高。

综上所述，赣鄂湘三省社会发展与社会保障一体化程度 2005~2013 年未得到全面改善。从内容上看，江西省小学师资配置落后于鄂湘两省，中学师资配置呈现趋同性。小学教育师资配置的一体化程度较低；发展速度的一体化程度相对较高，但仍须改善，是影响赣鄂湘三省社会发展和社会保障一体化的主要原因。

从地区上看，湖北省的社会发展和社会保障水平呈逐年下降趋势，赣湘两省呈逐年上升趋势。从分类的指标分析，较发达的湖北省社会发展和社会保障水平相对较高，而江西省社会发展和社会保障水平相对较低。因此，江西省应重视社会发展和社会保障的建设，加大经济发展速度，优化产业结构，进一步加大基础教育投入，推动三省实现社会发展和社会保障的均等化，为整个中部地区崛起做出贡献。

（四）社会发展与保障一体化演进格局

为探索研究区社会保障的完善程度，采用熵值法对社会发展与保障一体化指数进行评价。

从空间上看，各子城市群空间分异显著。具体表现为，2008~2014年，环鄱阳湖城市群社会发展与保障一体化程度逐渐占据优势。但与其他两个城市群相比，环鄱阳湖城市群的教育、医疗建设、经济发展水平仍有一定劣势，这说明其是环鄱阳湖城市群低水平的均衡状态。

从时间上看，长江中游城市群社会发展与保障一体化整体呈提高趋势。具体表现在，2008~2014年，各子城市群内部公共服务均等化显著改善，但三个城市群之间的公共服务一体化程度仍存在差异，其原因可能与各子城市群经济发展存在差异有关。可见，长江中游城市群重点任务是提高落后地区社会发展与保障的质量，使其迈入社会发展与保障高水平均衡状态。

七 城乡统筹与城乡建设一体化

（一）评价指标体系

城乡统筹与建设的目标和内涵不断深化和发展，本书认为城乡统筹是全方位的统筹，包括经济、政治、文化、社会、生活、制度等各个方面。城乡统筹与建设的目标就是实现城乡的一体化发展，全面改善城乡结构与功能，协调城乡之间的利益分配与再分配，实现城乡各类生产要素与生活要素的合理配置与自由流动。本书遵循评价指标体系选取的科学性、系统性、数据可得性的原则,从经济、社会、生活三个方面定量评价环鄱阳湖城市群、武汉城市群、环长株潭城市群城乡统筹现状,找出环鄱阳湖城市群城乡统筹与建设所面临的问题并定性分析其原因。为了更好地反映城乡统筹与建设的现状,同时考虑数据的可获得性,本书所有指标都采用城区与非城区之比的绝对指标(见表3-9)。

表3-9 城乡统筹与城乡建设综合评价指标体系

目标层	准则层	指标层
城乡统筹与城乡建设	经济统筹与建设	城镇化率(N1) 城乡人均生产值比(N2) 城乡生产效率比(N3) 城乡人均固定资产比(N4)
	社会统筹与建设	城乡信息化覆盖率比(N5) 城乡人均床位比(N6) 城乡养老保险覆盖率比(N7) 城乡医疗保险覆盖率比(N8) 城乡失业保险覆盖率比(N9) 城乡师生比(N10)
	生活统筹与建设	城乡人均储蓄余额比(N11) 城乡人均社会消费品零售额比(N12) 城乡职工平均工资比(N13)

经济统筹与建设是衡量城乡统筹与建设的基础性指标,包含城镇化率、城乡人均生产值比、城乡生产效率比和城乡固定资产比。城镇化率反映人口向城镇集聚的程度,是区域内城乡统筹与建设的重要指标,本书采用城镇人口占全部人口的百分比来表示。城乡人均生产值比是反映地区城乡经济发展水平的综合性指标,本书采用第一产业人均产值与第二、三产业人均产值之比来表示,比值越大,说明城乡经济发展水平协调程度越高。城乡生产效率比反映城乡生产的效率,本书用非城区就业者负担人数与每一城区就业者负担人数之比来表示。城乡固定资产比反映了城乡固定资产投资规模的差异,本书采用非城区人均固定资产投资额与城区人均固定资产投资额之比来表示。

制约城乡统筹与建设最主要的是城乡社会发展的二元结构化,其主要体现在城乡居民所享受的社会福利与社会保障,以及拥有的公共物品的差异,本书从信息化、医疗设施、社会保障、基础教育等方面来衡量城乡社会统筹情况。城乡信息化率比一定程度上可以反映人们生产、生活方式、交往与交流方式等的变化,考虑数据的可得性,本书采用非城区人均固定电话数量与城区人均固定电话数量之比来侧面表示城乡信息覆盖率之比。城乡人均床位比可以反映城乡基础设施建设的差距,本书采用非城区人均拥有床位数与城区人均拥有床位数之比来表示。城乡养老保险、医疗保险、城乡失业保险覆盖率比反映区域内福利水平、社会保障程度差异,本书用非城区保险比例与城区保险比例之比来表示。

城乡居民生活水平的差异,是城乡二元结构的主要表现之一,本书从城乡人均储蓄余额比、城乡人均社会消费品零售额比和城乡职工平均工资比来反映城乡生活统筹与建设状况。城乡人均储蓄余额一定程度上反映了居民的生活水平,本书用非城区人均储蓄余额与城区储蓄余额之比来表示。城乡人均社会消费品零售额比反映一定时期内城乡人民生活水平以及社会商品购买力的差距,本书用非城区人均消费品零售额与城区人均消费品零售额之比来表示。

考虑到数据的可获得性,本书采用2012年赣鄂湘城市群各地级市城区与非城区的指标,数据来源于国研网数据库、中经网数据库与各地级市统计年鉴。仙桃、潜江、天门三个省级直辖县由于部分指标的缺失,无法形成统一定量评价口径,暂不考虑其城乡统筹与建设程度。

(二) 评价方法

本书从不同角度尽可能全面地反映城乡统筹与建设一体化程度,由于评价指标多,一定程度上会对定量评价带来干扰,如量纲的影响,所以需要对原始数据进行处理。13个指标均是正向化指标,无须正向化处理。各个指标有着不同的量纲,为了消除量纲的影响,需要对指标进行标准化处理，本书采用零－均值规范的方法。

然后用主成分分析法确定赣鄂湘城市群城乡统筹与建设评价函数的权重，并对其现状进行评价，赣鄂湘城乡统筹与建设综合得分。

（三）评价结果分析

1. 城乡经济统筹

首先，本书从反映城乡统筹与建设的各个指标入手，利用标准化后的数据（标准化数据可比较指标相对大小），来分析各城市群的城乡统筹发展水平状况，并进行分类和比较。

促进城区与非城区经济协调发展是城乡统筹与建设的重要内容，从城镇化率、城乡人均生产值比、城乡生产效率比、城乡人均固定资产比四方面定量衡量经济城乡统筹与建设一体化。

对于环鄱阳湖城市群（见表3－10），根据城镇化率可知，南昌、萍乡、新余城区人口集聚程度较高，但作为省会城市，南昌城乡人均生产值比稍微高于平均水平，说明城乡经济发展协调度一般，生产效率和城乡固定资产比均低于平均水平，南昌明显存在经济发展的二元结构。新余城乡经济协调程度良好，城乡生产效率也远远高于平均水平，新余全市2012年人均生产总值在环鄱阳湖城市群内位居第一，新余城乡统筹程度高，并且质量也高。萍乡经济协调程度远远高于平均水平，但城乡生产效率落后于平均水平，新余对非城区固定资产投资的规模低于环鄱阳湖城市群内的平均水平，导致新余城乡经济统筹与建设程度未见明显的优势。

表3－10　环鄱阳湖城市群城乡经济统筹与建设标准化数据

地区	N1	N2	N3	N4
南昌	0.74	0.03	－0.78	－1.14
景德镇	0.10	－0.95	－1.14	－0.41
萍乡	0.46	1.12	－0.84	－0.54

续表

地区	N1	N2	N3	N4
九江	-0.83	-0.26	-0.79	-0.76
新余	2.21	1.28	1.59	0.09
鹰潭	-0.22	-1.29	0.85	-0.04
吉安	-0.87	-0.56	0.17	0.65
宜春	-0.28	1.35	1.27	1.33
抚州	0.03	0.38	0.48	1.85
上饶	-1.34	-1.10	-0.81	-1.02

资料来源：国研网、中经网，各市统计年鉴。

对于环长株潭城市群（见表3-11），长沙人口向城区集聚程度低于城市群平均水平，城区与非城区经济协调程度也低于平均水平，但是长沙城乡生产效率及非城区固定资产投资规模高于环长株潭城市群平均发展水平，长沙在城乡经济统筹与建设方面未存在明显的二元结构。虽然常德和益阳城区人口集聚程度较高，城乡生产效率高于环长株潭城市群平均水平，但城乡经济协调程度和非城区固定资产投资规模均低于环长株潭城市群平均水平，常德和益阳在经济方面城乡统筹与建设贡献较少。

表3-11 环长株潭城市群城乡经济统筹与建设标准化数据

地区	N1	N2	N3	N4
长沙	-0.40	-0.37	0.76	0.45
株洲	-0.72	-0.50	-0.77	-0.51
湘潭	-0.69	1.28	-0.60	-0.88
岳阳	-0.18	1.81	-0.98	-0.85
衡阳	-0.02	-0.88	-0.30	1.98
益阳	1.13	-0.66	1.89	0.59
常德	1.88	0.00	0.64	0.09
娄底	-1.00	-0.69	-0.66	-0.87

资料来源：国研网、中经网，各市统计年鉴。

对于武汉城市圈（见表3-12），武汉人口向城区集聚程度和城乡生产效率略低于平均水平，而城乡固定资产投资规模比例以及城乡经济发展协调程度略高于武汉城市群平均水平，武汉城乡统筹与建设在经济方面贡献较少。襄阳、孝感、咸宁城乡人口向城区集聚程度，城乡经济协调发展程度，城乡生产效率以及城乡固定资产投入规模比例整体上高于武汉城市圈平均水平。

表3-12 武汉城市圈城乡经济统筹与建设标准化数据

地区	N1	N2	N3	N4
武汉	-0.30	0.04	-0.30	-0.06
黄石	0.36	-0.50	-1	-0.16
宜昌	0.68	-0.2	0.76	1.02
襄阳	-0.56	0	1.66	0.46
鄂州	-2.32	-0.21	-0.48	0
荆门	-0.34	-0.57	-0.18	-0.45
孝感	1	-0.40	1.40	1.65
荆州	-0.08	-0.58	-0.95	-1.73
黄冈	1.10	-0.19	-1.14	-1.24
咸宁	0.50	2.78	0.27	0.52

资料来源：国研网、中经网，各市统计年鉴。

2. 城乡社会统筹

统筹城乡社会发展，需要保持与经济发展水平相适应的、满足城乡居民生活需求的基础设施建设、社会保障（医疗、保险等）体系的建设以及基础教育建设。

环鄱阳湖城市群中，南昌城乡信息覆盖率、城乡基础设施状况、社会保障以及基础教育等各个方面均落后于城市群平均水平。宜春和抚州城乡社会统筹与建设各个方面发展水平均高于其他城市，特别是宜春城乡社会保障在城市群内有明显的优势。环长株潭城市群中，长沙、株洲、湘潭城乡社会统筹与建设方面总体落后于其他地级市，而常德、益阳城乡社会统筹与建设方面总体上强于城市群内其他地级市。武汉城市圈中，武汉城乡社会统筹与建设各个方面落后于其他地级市。襄阳、孝感、宜昌社会统筹与建设总体上强于城市群内其他地级市。

总的来说，赣鄂湘城市群城乡社会发展存在一定的差异，这是由其经济发展差异决定的。信息覆盖率、医疗基础设施、社会保障、基础教育等各个方面都要以一定的物力、财力为基础，城乡经济发展不均衡的条件下，城乡社会发展亦会存在二元结构。作为中心城市的南昌、长沙、武汉城乡统筹与建设整体上均落后于各自城市群平均水平。详见表3－13。

表3－13　赣鄂湘城乡社会统筹与建设标准化数据

地区	N4	N5	N6	N7	N8	N9	N10
南昌	－1.14	－0.29	－0.80	－0.80	－0.73	－0.60	－0.68
景德镇	－0.41	－0.39	－0.90	－0.80	－0.68	－0.60	－0.13
萍乡	－0.54	－0.06	0.04	－0.50	－0.51	－0.50	－0.65
九江	－0.76	－0.78	－0.70	－0.61	－0.02	－0.50	－1.20
新余	0.09	－0.05	1.42	－0.23	－0.31	－0.30	－0.28
鹰潭	－0.04	－0.47	－0.60	－0.32	－0.33	－0.30	1.50
吉安	0.65	0.07	0.62	－0.20	－0.15	－0.40	－0.81
宜春	1.33	－0.39	1.05	2.52	2.73	2.54	1.01
抚州	1.85	2.76	1.24	0.68	0.18	0.66	1.59
上饶	－1.02	－0.40	－1.10	0.25	－0.17	0.40	－0.36
长沙	0.45	－1.07	0.09	－0.34	－0.99	－0.40	－0.35
株洲	－0.51	0.90	－0.06	－0.77	－0.89	－0.72	－0.34
湘潭	－0.88	－1.19	－0.48	0.83	－0.82	－0.69	1.01
岳阳	－0.85	－0.68	－1.35	－1.24	－0.60	－0.18	－0.96
衡阳	1.98	1.19	－1	1.53	1.66	－0.02	－0.59
益阳	0.59	1.18	1.09	0.11	0.76	1.13	－1.01
常德	0.09	0.21	1.65	0.86	0.93	1.88	0.44
娄底	－0.87	－0.54	0.07	－0.98	－0.05	－1	1.81
武汉	－0.06	－1.23	－1.65	－0.74	－0.77	－0.94	－0.23
黄石	－0.16	0.42	0.09	0.71	－0.96	－1.03	－0.49

续表

地区	N4	N5	N6	N7	N8	N9	N10
宜昌	1.02	0.32	0.16	-0.46	-0.22	-0.63	-0.34
襄阳	0.46	1.48	1.73	-0.10	1.04	-0.06	-0.39
鄂州	0	0	0	0	0	0	0
荆门	-0.45	-0.52	0.13	-0.41	-0.25	-0.20	-0.34
孝感	1.65	0.83	-0.37	-0.02	0.29	1.12	-0.33
荆州	-1.73	-1.87	-0.90	-0.60	-0.74	-0.36	-0.41
黄冈	-1.24	-0.18	-0.60	-0.87	-0.68	-0.17	2.82
咸宁	0.52	0.75	1.39	2.53	2.28	2.28	-0.30

资料来源：国研网、中经网、各市统计年鉴。

3. 城乡生活统筹

城乡生活统筹与建设需要注重城乡居民尤其是农村居民的可支配收入和生活条件的改善，提高城乡居民的生活水平。

环鄱阳湖城市群中，南昌城乡居民生活水平之比和城乡社会商品购买力之比均落后于城市群平均水平。新余、宜春和抚州则强于城市群平均水平。环长株潭城市群中，长沙、株洲、湘潭城乡生活统筹与建设水平整体上低于城市群平均水平，而常德、益阳整体上则高于城市群平均水平。武汉城市圈中，武汉城乡生活统筹与建设水平整体上低于城市群平均水平，而襄阳、孝感、宜昌整体上则高于城市群平均水平。详见表3-14。

表3-14 赣鄂湘城乡生活统筹与建设标准化数据

地区	N11	N12	N13
南昌	-0.75	-1.22	-0.85
景德镇	-0.60	-0.90	0.16
萍乡	-0.50	0.17	-1.20
九江	-0.70	-0.90	-1.60
新余	0.45	1.48	0.51
鹰潭	-0.50	-0.50	1.61

续表

地区	N11	N12	N13
吉安	0.10	0.66	0.66
宜春	2.23	0.46	0.29
抚州	1.12	1.48	0.77
上饶	-0.70	-0.60	0
长沙	-0.29	-0.62	0.48
株洲	-1.25	-0.32	-0.50
湘潭	0.19	-0.60	-0.36
岳阳	-0.73	-0.88	0.29
衡阳	-0.40	-0.86	-1.74
益阳	1.23	0.73	-0.35
常德	1.71	1.93	1.72
娄底	-0.46	0.62	0.45
武汉	-1.71	-1.09	-0.20
黄石	-1.12	-0.82	0.05
宜昌	-0.13	-0.35	0.37
襄阳	0.93	0.94	-0.32
鄂州	0	0	0
荆门	0.94	-0.17	-2.21
孝感	0.86	2.04	-0.50
荆州	-0.58	-0.70	0.14
黄冈	-0.50	-0.76	1.39
咸宁	1.31	0.92	1.28

4. 城乡统筹综合得分

根据主成分分析法得出各城市群城乡统筹与建设综合得分，绘制如下图（图 3 – 11、图 3 – 12、图 3 – 13）。当某城市主成分得分为负数时，说明该城市城乡统筹与建设一体化程度没有达到平均水平，其负值越低，说明其在这一主成分所反映的城乡统筹发展状况方面越欠缺。同理，某城市主成分得分越高，则表明样本在该主成分所反映的城乡发展方面状况越好。

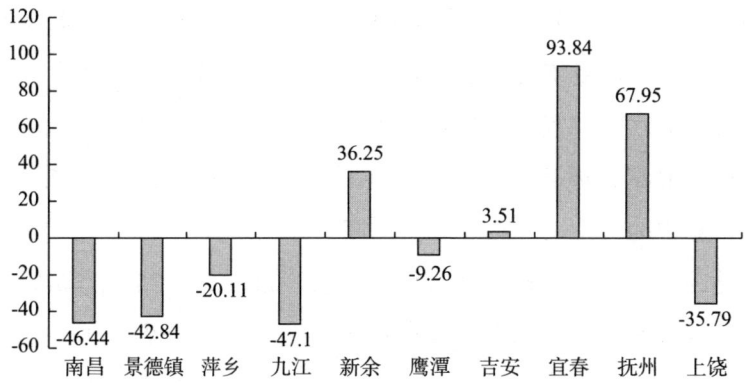

图 3-11　环鄱阳湖城市群城乡统筹与建设综合得分

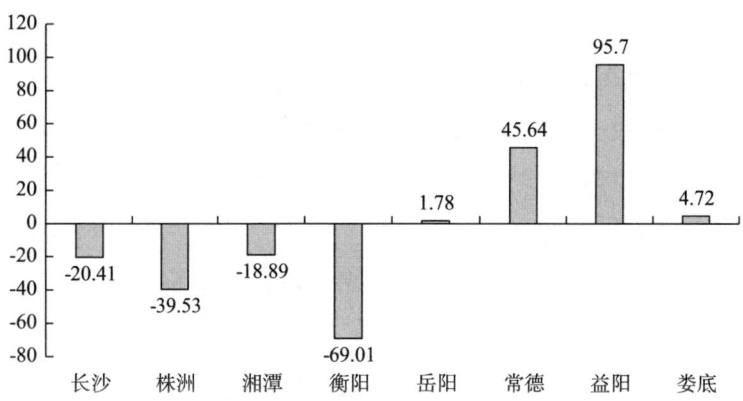

图 3-12　环长株潭城市群城乡统筹与建设综合得分

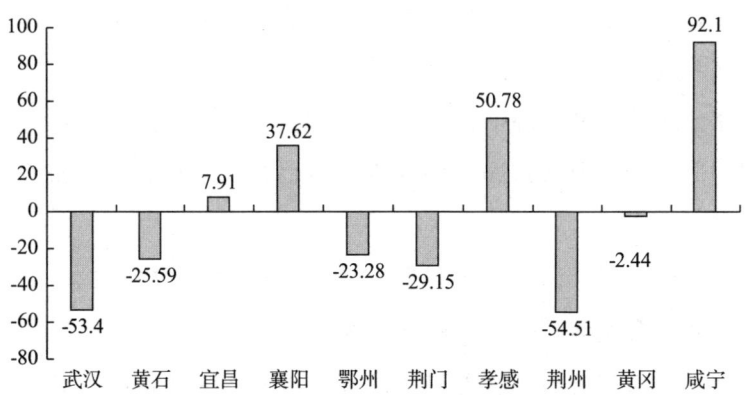

图 3-13　武汉城市圈城乡统筹与建设综合得分

由图 3-11、图 3-12、图 3-13 可知，赣鄂湘三省的省会城市南昌、长沙、武汉城乡统筹与建设程度均低于各城市群平均水平。环鄱阳湖城市群中的新余、宜春、抚州高于平均水平，特别是宜春的城乡统筹与建设程度最高；环长株潭城市群中的常德、益阳远远高于平均水平；武汉城市圈中的襄阳、孝感、咸宁均高于平均水平。

这是因为各城市群省会城市城区经济发展快速，然而非城区仍旧贫困，城乡发展差距越来越大，各种社会问题也没有得到妥善处理，社会保障、社会福利、居民生活水平等均出现了明显的"二元"结构。

可以看出，在经济发展过程中，城乡统筹与建设水平并不一定随着经济发展的提高而提高。城乡统筹与建设需要考虑经济、社会、生活等各方面发展，重视经济发展的同时，也需要注重社会、生活的协调发展，才能提高其城乡统筹度，达到真正的城乡统筹。

综合分类指标和综合得分分析，可得到以下几点。

第一，城乡统筹与建设不平衡仍然存在。城区与非城区在经济、社会、居民生活三方面仍存在差距，值得一提的是从量的角度，基础教育城乡一体化程度较高。

第二，环鄱阳湖城市群城乡统筹与建设一体化与湘鄂城市群整体存在差距。环鄱阳湖城市群中，虽然宜春、抚州综合得分在环鄱阳湖城市群中较高，但原始数据数值整体上小于其他城市群平均水平，说明宜春和抚州城乡统筹与建设一体化水平低。

第三，赣鄂湘城市群中，中心城市南昌、长沙、武汉城乡统筹与建设水平均落后于各自城市群平均水平，中心城市未起到实现城乡一体化的模范带头作用。

第四，没有根除城乡二元结构，由经济发展形成的城乡二元结构，影响到城乡社会发展和生活统筹与建设。

环鄱阳湖城市群城乡统筹与建设较为落后，主要是由于其经济基础相对薄弱、户籍制度改革滞后、缺乏突破性城乡统筹制度建设。

首先，环鄱阳湖城市群经济基础薄弱。城乡统筹发展相对落后，一定程度上是由于经济基础薄弱等客观上的原因，环鄱阳湖城市群近几年经济发展加快，经济结构调整取得重大进展，城镇化建设扎实推进，城乡居民收入稳步增长。但从长江中游城市群来看，环鄱阳湖城市群的发展基础还很薄弱，欠发达的状况没有得到本质性改变。经济总量偏小、结构不优、基础薄弱，由于工业化水平、城镇化水平均落后于中游城市群平均水平，城乡统筹与建设的基础条件相对薄弱。

其次，未能根本消除制度差异带来的城乡差异。城乡基本养老保险和医疗保险制度仍然是城乡差别所在，同一地区的城乡居民在就医选择、保障范围、待遇水平等方面，因城乡户籍分割而存在明显差异。

最后，制度改革创新不足。成都、重庆等地在推进统筹城乡发展方面之所以取得重大成效，主要是因为其紧紧抓住国家批准其为综合配套改革试验区的契机，在重点领域和关键环节先行先试，取得了诸多制度性突破，环鄱阳湖城市群，特别是中心城市南昌，按照自身特色，开拓城乡统筹与建设发展新路径。

（四）城乡统筹一体化演进格局

为探索研究区的城乡融合关系，采用熵值法对城乡统筹一体化程度进行评价。

从空间上看，局部地区逐渐呈低水平的均衡分布。具体表现在，2008~2014年，武汉城市圈西北部地区与长株潭西部地区逐渐形成次高值的带状分布，属于低水平的均衡分布。

从时间上看，2008~2014年，长江中游城市群城乡二元结构未见明显改善，城乡差距仍然较大，对城市群一体化发展具有一定的"中介"阻碍作用。可见，长江中游城市群城乡统筹一体化建设首要任务在于提高其质量，其次才是其均衡发展。

本章小结

本书在构建城市群六维度一体化指标体系基础上,重点对长江中游城市群市场一体化过程、格局进行分析,采用动态－偏离份额从产业层面分别分析城市群内部各组分的份额与竞争潜力,研究得到如下基本结论。

(1) 长江中游城市群一体化仍处于初中级发展阶段,但是六个维度的一体化格局差异明显且进程不一致。第一,长江中游城市群一体化水平未有明显变化,长江中游各个城市群一体化程度相差不大,环鄱阳湖城市群与武汉城市圈、环长株潭城市群都有一定差距,其一体化水平很有可能与较为落后的区域经济有关。第二,从六个维度看长江中游城市一体化的空间格局和进程,长江中游城市群市场一体化指数呈降低趋势且整体上要低于其在各城市群内部的市场一体化程度,环鄱阳湖城市群内部市场一体化程度最高,属于"低水平区域均衡"的市场一体化发展状态;产业同构现象突出,三个城市群内部产业互补程度在空间上分布不均匀,还未形成分工合作的空间格局;长江中游城市群城乡二元结构未有明显改善,城乡协调发展呈不均匀分布;基础设施一体化程度有所提高,武汉城市圈、环鄱阳湖城市群中心城市与其他城市的基础设施联系并未有显著提高,基础设施一体化仍未完全改善,网络基础设施建设、物流业基础设施建设具有显著的不均等性,制约了长江中游城市群基础设施一体化的发展;生态环境一体化程度保持在较高水平,环鄱阳湖城市群生态优势逐渐显现,武汉城市圈面临环境保护压力;社会发展与保护一体化未有明显提高,经济发展非均等化现象严重,制约社会保障一体化的发展;长江中游城市群城乡二元结构未有明显改善,城乡差距仍然较大,空间上,城乡协调发展呈不均匀分布,长江中游城市群城乡经济协调能力呈非均衡状态,制约了城乡统筹一体化的发展。

(2) 长江中游城市群总体份额分量与结构分量差距近年来在持续扩大且竞争分量波动较大,而且三次产业内部竞争存在较大差距。环鄱阳湖城市群产业总体无论在成长性、结构贡献率还是竞争力方面,都要弱于其他两个城市群。分产业来看,江西省第一产业总体发展水平较低,成长性偏弱,产业贡献率低,两者均落后于其他两省,但竞争优势开始显现;江西省第二产业无论是成长性还是贡献率都处于较为落后的位置;赣鄂湘三省第三产业成长性、竞争力等方面存在着显著差异,湖北省第三产业优势明显。

第四章 赣鄂湘融入长江中游城市群一体化的份额与潜力

长江中游城市群一体化进程持续推进，但与我国长三角、珠三角等其他较为成熟的城市群相比，其内部一体化程度仍然偏弱。特别是对环鄱阳湖城市群而言，如何更好地实现融入长江中游城市群，仍然是一项亟待突破的课题。本书认为，长江中游城市群一体化进程之所以缓慢，主要原因在于其内部竞争与合作机制尚待完善。为此，本章从长江中游城市群不同组分的竞争潜力入手，进一步探讨赣鄂湘三省融入长江中游城市群的份额与潜力，以期为赣鄂湘特别是江西省更好更快地融入长江中游城市群提供参考和借鉴。

一 研究方法与数据来源

（一）动态偏离-份额分析方法

为进一步从产业层面探讨长江中游城市群各组成部分的份额与竞争潜力，本书采用动态偏离-份额方法分别分析各研究区对长江中游城市群的份额潜力（吴贤彬、陈进，2012）。动态偏离-份额法是由 Thirlwall（1967）提出，将一个特定区域在某一时期的经济变动总量 G 细分为三个分量，即份额分量（N）、结构偏离分量（P）和竞争力偏离分量（D），同时追踪变量随着时间变化的过程，从而揭示区域经济发展和衰退、区域经济结构优劣以及自身竞争力强弱的动态变化。

动态偏离-份额法模型如下：

$$N_{ijy} = b_{ijy-1} * \frac{B_y - B_{y-1}}{B_{y-1}}$$

$$P_{ijy} = b_{ijy-1} * \left(\frac{B_{jy} - B_{jy-1}}{B_{jy-1}} - \frac{B_y - B_{y-1}}{B_{y-1}} \right)$$

$$D_{ijy} = b_{ijy-1} * \left(\frac{b_{ijy} - b_{ijy-1}}{b_{ijy-1}} - \frac{B_{jy} - B_{jy-1}}{B_{jy-1}} \right)$$

$$G_{ijy} = N_{ijy} + P_{ijy} + D_{ijy}$$

其中，i 表示长江中游城市群中某个城市群，j 表示产业，y 表示当年，$y-1$ 表示上一年。B_{jy}，B_{jy-1} 表示长江中游城市群 j 产业当年和上一年的产业规模。同理，b_{ijy}，b_{ijy-1} 表示 i 城市群 j 产业当年和上一年的产业规模。$N_{ijy} > 0$，说明 j 产业属于 i 城市群的增长性产业，具有较强的成长性。$P_{ijy} > 0$，i 城市群经济规模增长速度的差异是由结构因素导致的，若该值为正且较大，表明 j 产业的结构具有优势。$D_{ijy} > 0$ 说明 i 城市群 j 产业部门有较强的竞争优势。$G_{ijy} > 0$，说明 i 城市群 j 产业对经济增长有贡献度，数值越大，对经济增长贡献越大。若各值为负值，反之亦然。

（二）数据来源

本部分采用动态偏离-份额方法分析赣鄂湘融入长江中游城市群一体化的份额与潜力，考虑到数据的可得性，赣鄂湘三省数据主要包含江西省、湖南省、湖北省三次产业数据，数据主要来源于各省统计年鉴（2006~2015年）。

城市群指标体系是长江中游城市群28座地级市三次产业增加值，数据以2008年为基期，2014年为考察期，利用2009~2015年《中国城市统计年鉴》数据，对长江中游城市群内三大城市群偏离－份额进行对比分析。

二 总体概况：基于赣鄂湘竞争份额与潜力判断

（一）赣鄂湘三次产业总体份额概况

从经济增长层面来看，2005~2014 年，赣鄂湘三省经济增长始终保持较大差距，这对其一体化发展形成基础性障碍。从图 4-1 可以看出，赣鄂湘三省三次产业份额差距显著，尤其体现在第三产业份额。近年来江西省一直处于经济赶超阶段，经济增长速度始终处于全国前列，对江西省经济社会发展具有重要意义。但从三次产业份额，特别是第三产业表现来看，其与湖北、湖南两省差距仍然十分显著。2005~2014 年，江西省第三产业在赣鄂湘三省中的份额始终在 20% 左右，与湖北、湖南两省保持近 20 个百分点的差距，表明江西省经济发展阶段仍然处于较落后位置，这无疑将阻碍江西省融入长江中游城市群、实现长江中游城市群一体化发展。

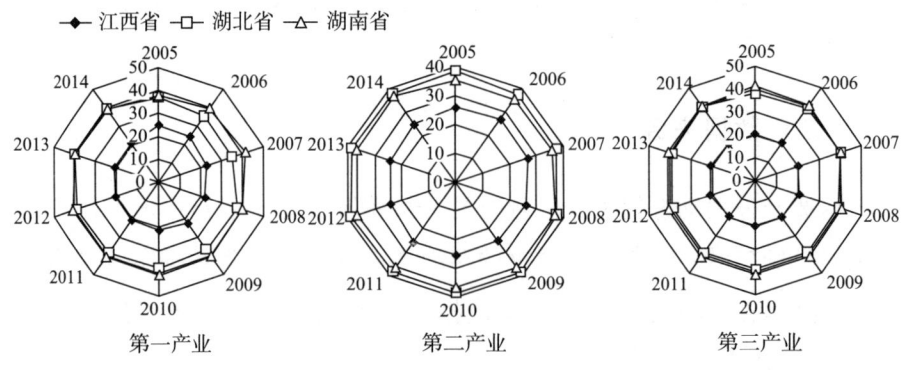

图 4-1 赣鄂湘三次产业总体份额

但是，上述结论主要是从三次产业总体份额层面，尽管如此，通过研究我们也发现，江西省三次产业在赣鄂湘三省中还是具备一定竞争潜力的"后发优势"，这也将为江西省未来经济崛起奠定基础。下面本书将从偏离－份额角度来具体分析赣鄂湘三省三次产业经济竞争潜力与份额。

（二）赣鄂湘第一产业偏离份额

数据由中经网数据库整理，再根据上述公式将赣鄂湘三省的三次产业增量分解为份额分量、结构偏离分量和竞争分量。

由图4-2可知，总体上，近年来赣鄂湘三省的第一产业总增量随着时间的变化，呈现出M形的趋势，且三省的第一产业总增量的趋势逐渐趋同，特别是近三年，赣鄂湘三省第一产业的比重逐年下降，也就是说赣鄂湘三省的发展重心转移到第二、第三产业。

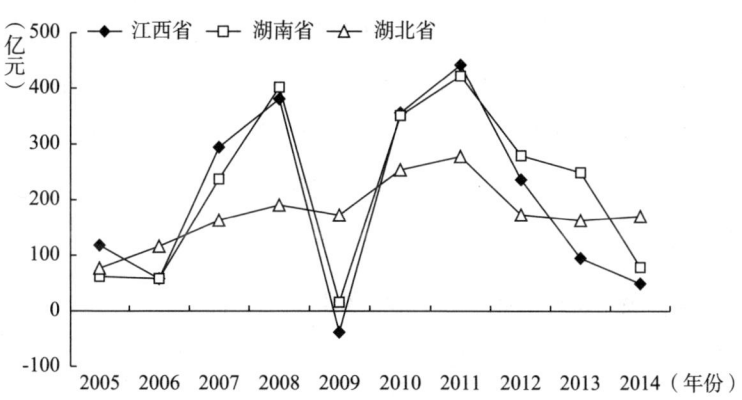

图4-2 赣鄂湘第一产业总增量变化趋势

赣鄂湘三省的第一产业份额分量呈倒U形变化过程，但未来有上升趋势。从图4-3可知，第一产业虽然属于江西省的增长性产业，但增长水平要低于湘鄂两省，江西省的近三年的份额分量仅是湘鄂两省的一半，这与江西省作为长江中游传统粮食主产区的国家定位并不相符。江西省应该加快构建现代农业经营体系，吸取其他两省的经验，提高江西省第一产业发展质量。

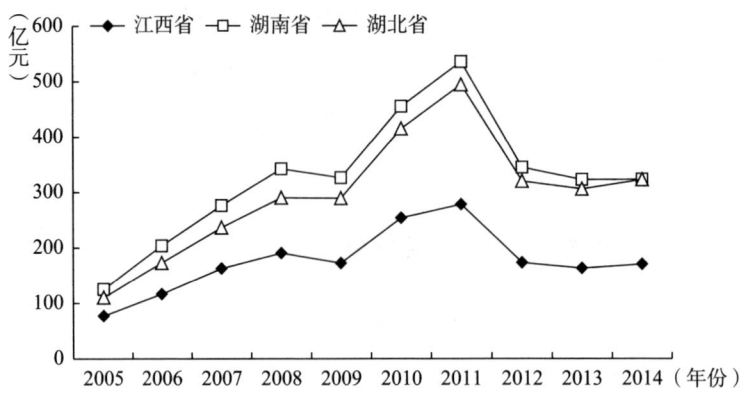

图 4-3　赣鄂湘第一产业份额分量变化趋势

图 4-4 显示，第一产业的结构偏离分量呈 M 形的趋势，2008 年赣鄂湘三省的结构分量达到最高，2009 年以后，三省的第一产业结构偏离分量均为负值，说明第一产业对赣鄂湘三省的国民经济发展贡献较小，这从赣鄂湘三省第一产业对 GDP 增长的贡献率可以得到直观认识（见图 4-5）。虽然这符合区域产业结构演变的一般规律，但其偏离幅度过大，进一步说明第一产业发展质量存在结构性问题。但省际横向比较而言，江西省第一产业内部结构与湖南、湖北两省相对，具备一定结构优势。

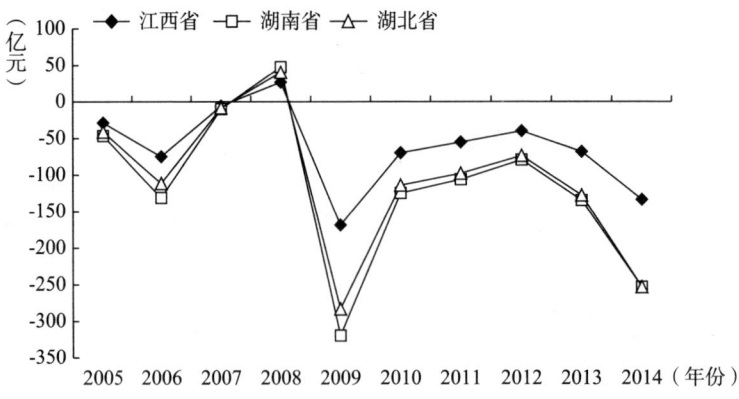

图 4-4　赣鄂湘第一产业结构偏离分量变化趋势

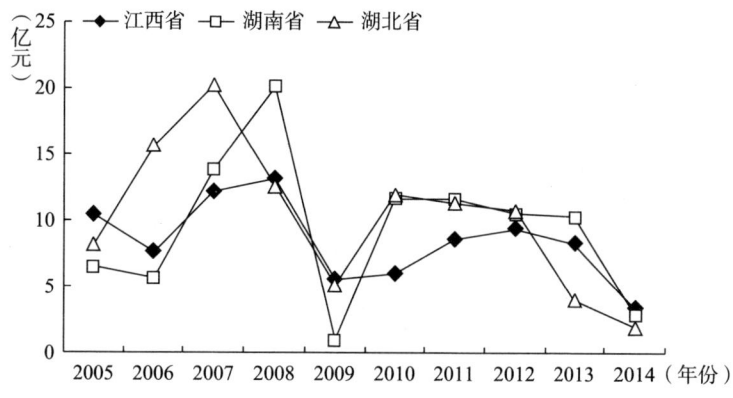

图 4-5 赣鄂湘第一产业对 GDP 增长贡献率

进一步从竞争分量变化来看（见图 4-6），赣鄂湘三省第一产业的竞争分量呈不规律波动，整体而言，湖北省的第一产业竞争力较大，江西省从 2010 年起，第一产业竞争力逐渐增强，这也印证了上述结论，江西省仍然具备未来产业发展的竞争潜力。

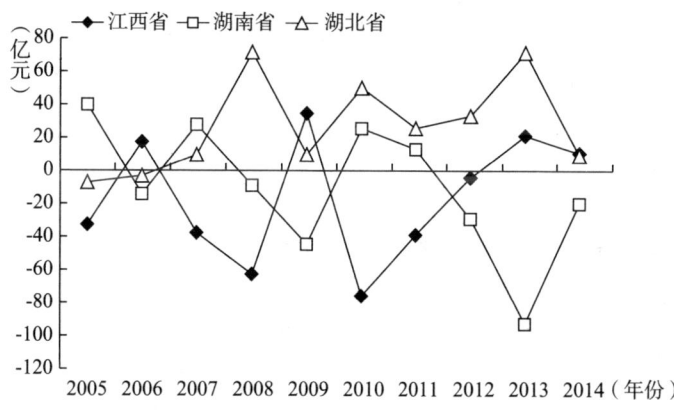

图 4-6 赣鄂湘第一产业竞争力分量变化趋势

图 4-7 显示，赣鄂湘三省的总偏离分量总体趋势呈 M 形趋势，江西省的第一产业总偏离分量均为负值，说明第一产业是不具有增长优势的产业，这符合区域经济增长的产业结构演变规律。作为我国重要的粮食主产区之一，江西省第一产业的未来发展需要着重深化农业供给侧结构性改革，提高农业发展的规模效率与技术效率，以进一步增强其在赣

鄂湘三省中的竞争优势。

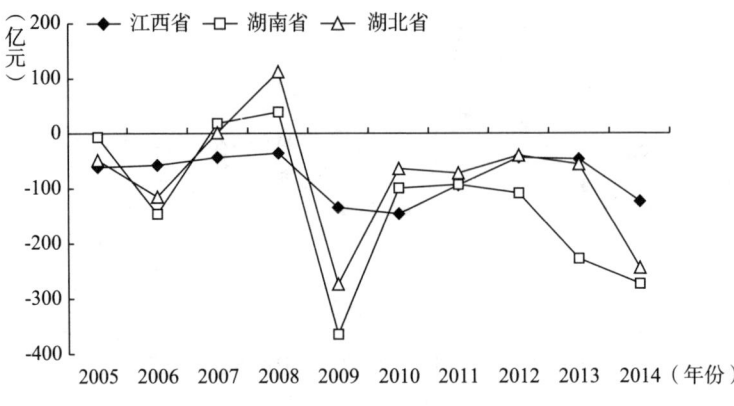

图 4－7　赣鄂湘第一产业总偏离分量变化趋势

（三）赣鄂湘第二产业偏离份额

赣鄂湘三省的第二产业总增量、份额分量和结构偏离分量均呈倒 U 形趋势，其中，三省的第二产业总增量的波动趋势趋同，但江西省第二产业总增量水平总体要弱于其他两省，特别地，2012 年以后，江西省的第二产业总增量略微上升，渐渐接近其他两省的增长水平（见图 4－8）。

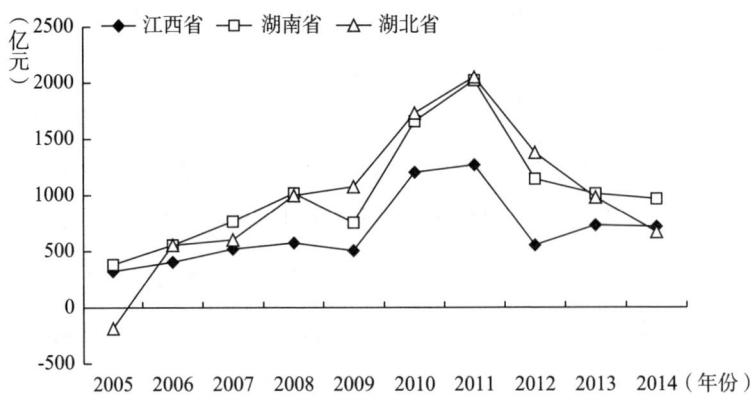

图 4－8　赣鄂湘第二产业总增量变化趋势

从第二产业份额分量变化趋势可知（见图 4-9），第二产业均是三省的增长性产业，但江西省的增长水平要弱于其他两省，且落后的趋势未有明显改变。

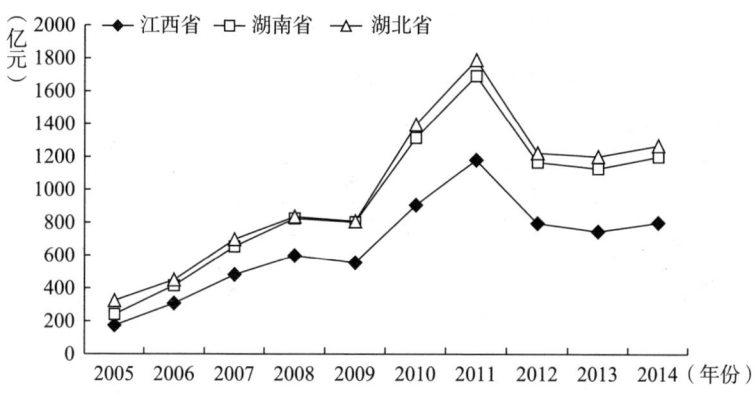

图 4-9　赣鄂湘第二产业份额分量变化趋势

赣鄂湘三省的第二产业结构偏离分量呈倒 U 形趋势（见图 4-10），特别地，2012 年以后，赣鄂湘三省的结构偏离分量均为负值，且呈继续下降趋势，说明第二产业在 2012 年以后对三省经济发展的影响越来越小，江西省应抓住这个机遇，借鉴国内发展第二产业的经验，特别是湖南、湖北两省的成功经验，积极发展第二产业。

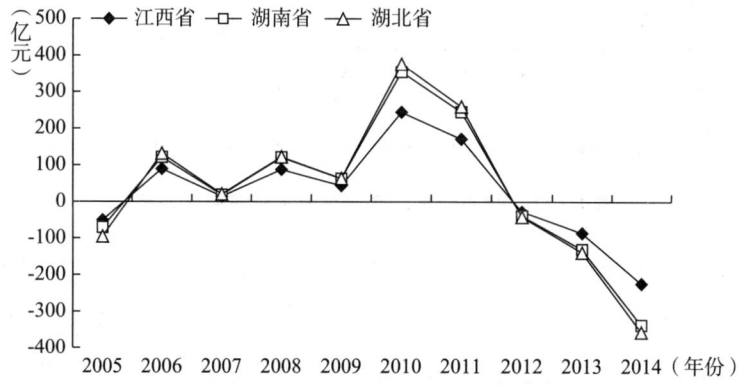

图 4-10　赣鄂湘第二产业结构偏离分量变化趋势

第二产业的竞争分量，湖北省呈 M 形的趋势，而江西、湖南两省呈

W形趋势（见图4-11），特别地，2012年以后，江西省第二产业竞争力偏离分量逐年增加，2013年及2014年第二产业竞争力偏离分量均大于其他两省，且仍处于上升的趋势，说明，江西省的第二产业渐渐增强了竞争力，第二产业对于国民经济发展的贡献也越来越大。

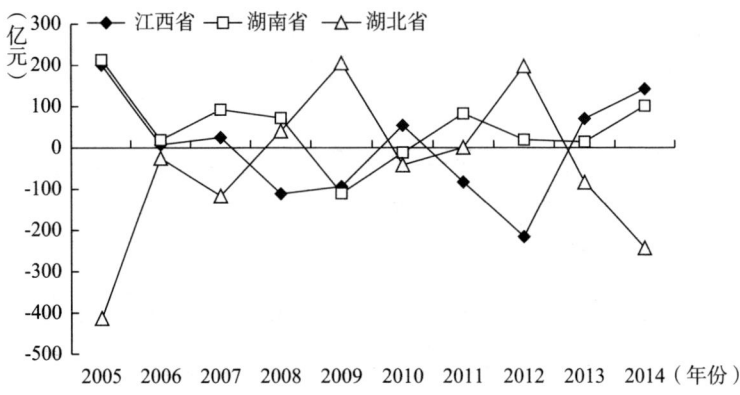

图4-11　赣鄂湘第二产业竞争力分量变化趋势

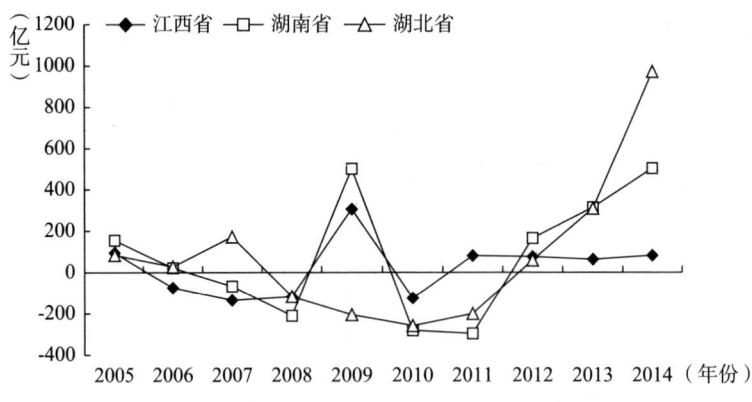

图4-12　赣鄂湘第二产业总偏离分量变化趋势

赣鄂湘三省第二产业总偏离分量总体呈倒U形趋势（图4-12），特别是，江西省近三年的总偏离分量总体呈上升趋势，2013年及2014年江西省第二产业的总偏离分量的数值均小于其他两省，说明江西省的第二产业仍然有发展潜力。在当前经济进入转型期背景下，应进一步提升第二产业发展水平，使第二产业成为江西省的增长优势产业。

（四）赣鄂湘第三产业偏离份额

从产业结构演进角度来看，第三产业应该成为江西省实现经济赶超进而实现赣鄂湘一体化发展的重要推动力量，但分析发现，其发展并不理想。从总增量变化来看，赣鄂湘三省的第三产业总增量总体呈递增趋势（见图4-13），但江西省近三年的第三产业总增量增加并不显著，与其他两省的第三产业总增量的差距逐渐增大。

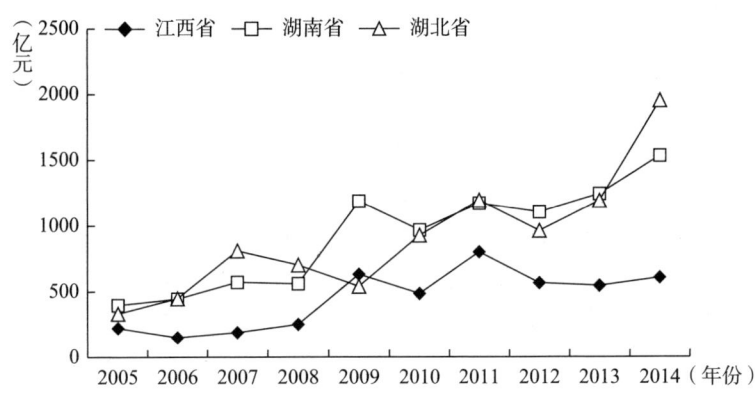

图4-13　赣鄂湘第三产业总增量变化趋势

与此同时，赣鄂湘三省第三产业份额分量呈倒U形的趋势（见图4-14），三省的波动趋势趋同，但江西省与湖北、湖南两省的差距却十

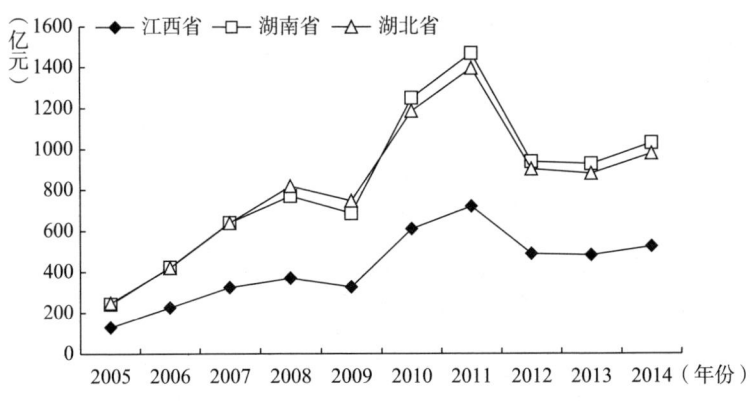

图4-14　赣鄂湘第三产业份额分量变化趋势

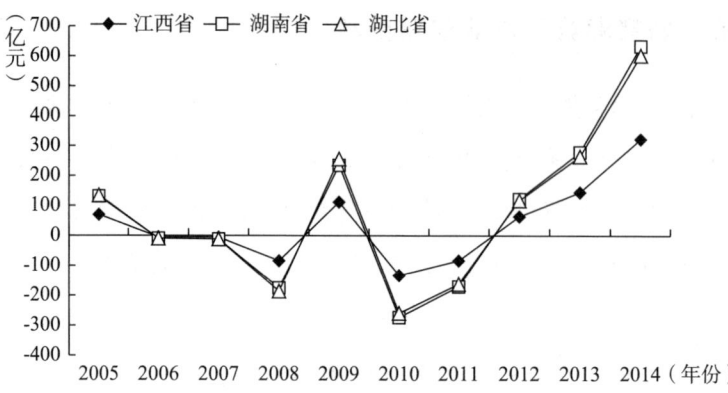

图 4-15 赣鄂湘第三产业结构偏离分量变化趋势

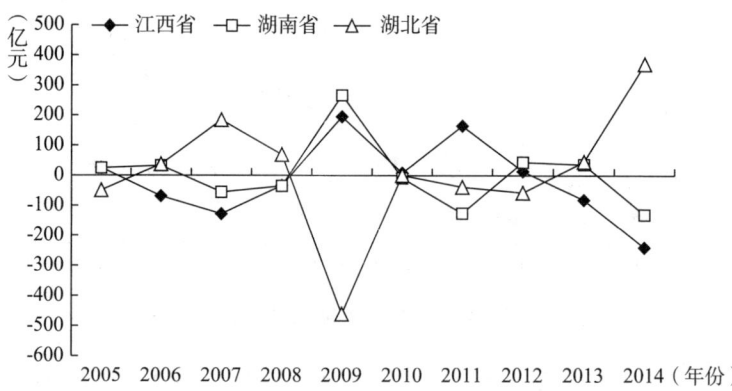

图 4-16 赣鄂湘第三产业竞争力分量变化趋势

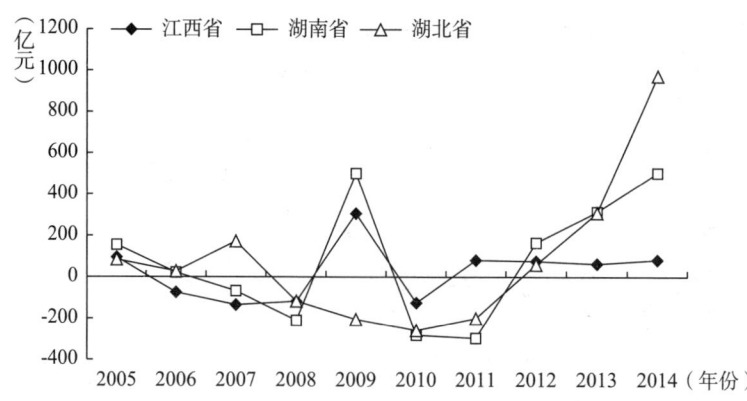

图 4-17 赣鄂湘第三产业总偏离分量变化趋势

分显著。这与前面总体份额分析相一致,说明江西省第三产业增长仍然落后,限制赣鄂湘三省的一体化进程。

赣鄂湘第三产业结构偏离分量呈 W 形趋势(见图 4 – 15),2010 年以后,三省的结构偏离分量趋势都增加,说明第三产业对于国民经济发展的贡献越来越大。江西省和湖南省的竞争力偏离分量呈 M 形的趋势(见图 4 – 16),湖北省呈 U 形趋势,特别地,2011 年以后,江西省的竞争力偏离分量呈向下趋势,第三产业的竞争力在区域内越来越小,也就是说对国民经济发展的作用越来越小。江西省、湖南省的第三产业总偏离分量总体呈 W 形趋势(见图 4 – 17),湖北省逐年呈 U 形趋势,特别地,2011 年以后,江西省的第三产业总偏离分量趋势比较平稳,第三产业是江西省的增长优势产业,可以大力发展该产业,形成江西省经济发展的新的增长极。

三 长江中游城市群总体竞争份额与潜力

首先,从城市群整体层面认识各组分一体化的竞争份额与潜力,本书采用动态偏离-份额法对整个研究区的竞争份额与潜力进行整体判断(见表 4 – 1)。从表 4 – 1 可以看出以下几点。

表 4 – 1　长江中游城市群竞争偏离份额总体判断

单位:亿元

类别	地区	2008 年	2009 年	2010 年	2011 年	2012 年	2013 年	2014 年
总增量	鄱阳湖	980.1	1174.9	1796	2251.6	1246.1	1389.7	1370.1
	长株潭	1956.6	1903.1	2978.3	3631.6	2484.7	2347.4	2546.7
	武汉	2099.7	1630.8	3006.6	3664.7	2618.3	2418.1	2698.6
份额分量	鄱阳湖	1157.6	1053.4	1768.8	2176.7	1456.8	1389.7	1493.6
	长株潭	1936.2	1813.5	3017.4	3693.7	2448.5	2377.5	2552.2
	武汉	1942.6	1841.7	2994.6	3677.5	2443.8	2387.8	2569.6

续表

类别	地区	2008年	2009年	2010年	2011年	2012年	2013年	2014年
结构分量	鄱阳湖	30.1	324.0	41.1	32.3	-3.8	-10.1	231.8
	长株潭	-6.7	617.2	206.0	180.7	2.4	282.2	549.9
	武汉	348.8	602.1	230.9	-0.9	1.4	252.7	499.4
竞争分量	鄱阳湖	-207.7	135.1	-13.6	42.6	-206.9	10.1	-87.6
	长株潭	27.2	111.4	4.7	-30.6	33.8	-42.9	-48.4
	武汉	180.4	-246.4	9.0	-12.0	173.0	32.9	136.0

注：鄱阳湖表示环鄱阳湖城市群，长株潭表示环长株潭城市群，武汉表示武汉城市圈，后表同。

第一，各子城市群经济总量差距呈扩大趋势。具体来说，从经济总量上看，2008~2014年，环鄱阳湖城市群经济份额正在逐步缩小，且有进一步缩小的趋势，而武汉城市圈经济份额则逐步扩大。可见，总量分配不均将影响城市群经济发展中心的地位。

第二，各子城市群份额分量与结构分量差距整体上呈扩大趋势，竞争分量波动较大。具体来说，2008~2014年，环鄱阳湖城市群经济总体运行无论在成长性、结构优势还是竞争力方面，都要弱于其他两个城市群；尽管三个子城市群的竞争分量波动较大，但武汉城市圈的竞争优势更为显著。可见，竞争份额与潜力的两极分化将影响长江中游各子城市群的合作潜力。

四 长江中游城市群分产业竞争份额与潜力

为了从产业内部分析其竞争与潜力，分别对第一、第二和第三产业的竞争份额与潜力进行分析（见表4-2）。

各子城市群第一产业经济贡献度在逐渐降低，环鄱阳湖城市群竞争优势有所显现，但其成长性处于落后位置。具体表现在两个方面，第一，从竞争份额看，2008~2014年，虽然各子城市群第一产业竞争分量波动

表4-2 长江中游城市群产业竞争份额与潜力分析

单位：亿元

产业	类别	地区	2008年	2009年	2010年	2011年	2012年	2013年	2014年
第一产业	总增量	鄱阳湖	154.6	38.3	108.3	184.1	129.2	116.3	47.2
		长株潭	380.9	-37.7	355.8	442.5	236.2	95.0	49.5
		武汉	402.0	15.9	351.1	422.3	279.5	249.4	78.7
	份额分量	鄱阳湖	190.6	172.4	253.9	278.0	173.2	163.2	170.5
		长株潭	342.3	326.3	455.1	535.6	344.6	322.4	322.8
		武汉	290.0	289.3	414.9	494.5	319.8	305.7	322.7
	结构分量	鄱阳湖	26.5	168.8	-69.7	-55.1	-39.8	-68.2	133.8
		长株潭	47.7	319.5	125.0	106.1	-79.3	134.7	253.4
		武汉	40.4	283.3	114.0	-98.0	-73.6	127.7	253.3
	竞争分量	鄱阳湖	-62.6	34.7	-75.8	-38.8	-4.2	21.3	10.6
		长株潭	-9.1	-44.5	25.7	13.0	-29.1	-92.7	-19.9
		武汉	71.6	9.9	50.1	25.8	33.2	71.4	9.3
第二产业	总增量	鄱阳湖	574.0	504.6	1203.4	1267.7	552.0	728.8	716.9
		长株潭	1016.6	754.1	1656.0	2018.8	1144.4	1010.9	964.5
		武汉	996.9	1074.5	1729.2	2048.7	1377.2	978.5	668.7
	份额分量	鄱阳湖	597.9	555.1	905.6	1179.8	795.5	745.1	799.1
		长株潭	824.2	801.9	1314.0	1691.2	1165.4	1127.5	1199.7
		武汉	834.8	806.8	1395.1	1788.9	1221.9	1201.2	1267.9
	结构分量	鄱阳湖	87.6	43.5	244.0	171.0	-27.3	-86.2	-224.2
		长株潭	120.7	62.8	354.0	245.1	-39.9	-130.5	-336.6
		武汉	122.3	63.2	375.9	259.2	-41.9	-139.0	-355.8
	竞争分量	鄱阳湖	-111.5	-94.0	53.9	-83.1	-216.2	69.9	142.0
		长株潭	71.7	-110.1	-12.1	82.5	19.0	13.9	101.5
		武汉	39.8	204.5	-41.8	0.6	197.2	-83.8	-243.5
第三产业	总增量	鄱阳湖	251.5	632.0	484.3	799.8	564.9	544.6	606.0
		长株潭	559.1	1186.7	966.5	1170.3	1104.1	1241.5	1532.7
		武汉	700.8	540.4	926.3	1193.7	961.6	1190.2	1951.2
	份额分量	鄱阳湖	369.1	325.9	609.3	718.9	488.1	481.4	524.0
		长株潭	769.7	685.3	1248.5	1466.7	938.5	927.6	1029.7
		武汉	817.8	745.6	1184.6	1394.1	902.1	880.9	979.0

续表

产业	类别	地区	2008年	2009年	2010年	2011年	2012年	2013年	2014年
第三产业	结构分量	鄱阳湖	-84.0	111.7	-133.2	-83.6	63.3	144.3	322.2
		长株潭	-175.1	234.9	-273.0	-170.5	121.6	278.0	633.1
		武汉	186.1	255.6	-259.0	-162.1	116.9	264.0	601.9
	竞争分量	鄱阳湖	-33.6	194.4	8.3	164.5	13.5	-81.1	-240.2
		长株潭	-35.4	266.4	-8.9	-126.1	43.9	35.9	-130.0
		武汉	69.0	-460.8	0.7	-38.4	-57.4	45.3	370.2

较大,但环鄱阳湖城市群的竞争优势有所显现。各子城市群第一产业对于经济增长的贡献率逐渐降低,其中环鄱阳湖城市群尤为显著。第二,从潜力来看,2008~2014年,各子城市群第一产业结构偏离分量呈现出M形变化趋势,特别是2009年后,三个城市群结构偏离分量出现负值,说明第一产业的结构优势逐渐消失。可见,各子城市群发展重心逐渐偏离第一产业,这个符合产业发展规律,因而发展升级第一产业以此提升其内生动力,是提升各子城市群竞争力的有效突破口。

各子城市群第二产业在持续增长,环长株潭城市群第二产业竞争优势逐渐显现,武汉城市圈制造业中心的地位逐渐弱化,更突出的是环鄱阳湖城市群第二产业的成长性本身偏弱。具体表现在以下两个方面,第一,从竞争份额,2008~2014年,各子城市群第二产业的竞争优势同样波动较大,但环长株潭第二产业竞争优势逐渐显现。各子城市群第二产业总增量都增长较快,特别是以前发展相对落后的环鄱阳湖城市群、环长株潭城市群的第二产业增量逐渐高于武汉城市圈。可见,第二产业竞争是事关长江中游城市群制造业中心地位的关键。第二,从潜力来看,2008~2014年,虽然长江中游城市群第二产业在持续增长,但结构优势已逐渐消失,特别是武汉城市圈、环长株潭城市群第二产业尤为突出,这可能与其相对发达的第三产业具有一定关联。而对环鄱阳湖城市群而言,结构优势消失主要体现在第二产业结构层次不高上。可见,提升各子城市群第二产业的基础地位是事关长江中游城市群制造业中心地位的关键。

各子城市群第三产业的贡献率在持续增加，武汉城市圈第三产业更具有明显的优势，其他两个子城市群则发展不足。具体表现在：第一，从竞争份额看，2008~2014年，长江中游城市群竞争分量波动同样很大，但是武汉城市圈第三产业竞争力呈显著的优势；第二，从潜力来看，2008~2014年，长江中游城市群第三产业结构优势逐渐显现，特别是环长株潭城市群和武汉城市圈尤为突出。可见，长江中游城市群的成长性呈倒U形分布，第三产业的成长性逐渐降低，说明各子城市群产业结构优化过程不同步。

综上所述，可得到以下几点。

第一，江西省是我国传统粮食主产区，第一产业属于江西省的增长性产业，但近三年江西省的发展重心转移到第二、三产业。江西省第一产业的总偏离分量均为负值，未明显表现出产业优势。江西省应因地制宜，充分发挥地理优势，江西省的森林覆盖率较高，可以加大林业发展力度；江西省的渔业资源丰富，应加强渔业的产业升级，调整第一产业内部结构，保证第一产业发展的"质"，逐渐缩小与其他两省第一产业增长水平的差距，增强区域内第一产业的竞争力。

第二，江西省第二产业主要以小型企业为主，大中型企业比较匮乏，第二产业内部结构主要以轻工业为主，重工业比较匮乏。第二产业属于增长型产业，但增长水平在区域内属于劣势，湖南、湖北两省的结构偏离分量均逐年下降，而江西省的竞争分量逐年增加，特别是2013年和2014年的竞争分量的数值大于其他两省，江西省应抓住机遇，保持第二产业上升势头，加大发展第二产业力度。由前一部分的产业布局一体化可知，由于江西省的有色金属矿产资源比较丰富，江西省的有色金属冶炼及压延加工业等行业优势比较明显，江西省应继续发展和壮大优势产业。要引进民营和外资资本，加大产业关联度大、竞争力强的产业投入，通过政策鼓励引进发达国家或地区的大企业来江西省设立制造基地，同时，鼓励本地企业与大企业开展合作，使第二产业成为江西省的增长优势产业。

第三，江西省仍处于工业化中期，第三产业的发展仍然比较滞后，特别是近三年的第三产业总增量和第三产业总偏离分量未有明显增加。但江西省的结构偏离分量趋势增加，说明第三产业对于国民经济发展的贡献越来越大，应推动江西省的第三产业的发展。由于地理位置等因素，江西省的交通运输及邮政业属于优势产业，但在区域内未形成明显优势。江西省应进一步开放市场，促进第三产业的市场化发展，吸收发达国家和地区的经验，引进金融、电信、法律等人才和资金，加快第三产业的层次提升，改善产业转移在产业间分布的失衡状态，进一步缩小与其他两省的差距，使第三产业成为江西省经济发展的新的增长极。

第五章　赣鄂湘融入长江中游城市群一体化实施战略比较

针对赣鄂湘三省在长江中游城市群一体化发展中的竞争潜力与份额差异，不同省份对此出台并实施了一系列具有差别化的战略措施，以发挥区域优势、弥补区域短板。为此，本章对赣鄂湘三省融入长江中游城市群一体化发展实施的重点战略进行系统梳理，并特别对江西省融入长江中游城市群一体化发展的机遇、挑战、优势、劣势等进行分析，以期为提出江西省融入长江中游城市群一体化发展的具体措施奠定基础。

一　赣鄂湘融入长江中游城市群一体化发展战略重点

（一）湖北省经验：战略引领+平台支撑，打造中三角核心增长极

2011年湖北省首次提出构建长江中游城市群发展战略以来，采取了"政府先行动手+大项目和平台建设带动"的发展思路，计划着力打造其成为长江中游城市群核心增长极。

（1）区域互动统筹谋划，打造"两圈一带"空间开发大平台，进而通过推进城际融合，构建"一主两副、两横两纵、三群联动、多点支撑"的新型城镇化战略格局，并鼓励黄梅小池滨江新区等跨区域合作示

范区率先融入长江中游城市群。

（2）创新投融资机制，增强金融中心功能。湖北省为推进政府与社会资本合作，率先提议设立2000亿元长江经济带产业基金支持长江经济带基础设施建设、产业发展和城镇化建设。推进符合条件的民间资本发起设立民营银行，组建省级再担保集团，稳步发展民间资本管理公司。鼓励和支持企业通过发行股票、债券在资本市场融资。这些为湖北抢占融入长江中游城市群提供了先机。

（3）增强高端要素集聚、科技创新。依托国家级工程技术研究中心、实验室和企业技术中心等创新平台，引导创新资源向企业集聚，打造一批技术创新联盟，培育一批骨干领军企业。实施战略性新兴产业"成长工程"、千亿产业"接续工程"、"科技企业创业与培育工程"和"科技成果转化工程"，打造高技术产业集群和中部现代服务业中心，构成湖北实施大项目引领的有力措施。

（4）依托开发区、科技园区等平台，搭建人才创业载体，鼓励区域内跨国企业、高等院校和科研院所创办高水平的科研实验室、企业技术中心、技术研发中心等。加快人力资源信息共享与服务平台建设，加强跨区域职业教育合作和劳务对接。建立区域全覆盖的就业政策、就业指导、职业介绍等咨询服务网络。建立湖北长江经济带人才库，实行人才柔性流动机制。

（二）湖南省经验：交通先行＋创新驱动，构建内陆开放引领区

湖南省采取了"交通先行＋创新驱动"的发展战略，积极主动融入长江中游城市群。

（1）在水路交通先行方面，湖南发出"先行先试"的姿态，参与长江干线航道宜昌至安庆段模型试验，推进"一纵五横"的干线航道整治工程，并主动打造岳阳城陵矶新港和长沙港，加快启动岳阳港、长沙港与铁路专线、高等级公路连接线。在公路和铁路交通先行方面，湖南加

快推进断接路段项目和铁路大贯通工程建设,已贯通东西的沪昆高铁湖南段,形成了"四纵四横"的国家主干网络运输格局。

(2) 实施创新驱动战略,湖南省率先启动长株潭国家自主创新示范区建设,大力推进创新创业园区"135"工程,引进"双创"企业 1353 家成为亮点工程。依托长株潭国家级自主创新示范区,建设中部地区区域创新中心。加强科技龙头企业合作,建立一批集创新、引进消化吸收再创新为一体的重要创新源和技术源。完善共性技术平台和高新技术产业化服务平台,建设一批国家级工程中心、实验室和国家企业技术中心。以产业技术链为中心,组织产业技术创新战略联盟,为中部地区创新发展提供经验和示范。

(3) 推动"互联网+"行动,发展电子商务、移动互联网产业成为湖南实施大开放战略的基础。为加快推动互联网与经济社会各领域深度融合和创新发展,湖南省政府于 2015 年 10 月制定了《湖南省实施"互联网+"三年行动计划》,旨在着力构建高效便捷的宽带互联网络,发展互联网与产业融合新业态,激活网络创新创业新优势,拓展网络民生服务新模式,并计划到 2017 年建设 30 个"互联网+"创新创业示范园区,打造 300 家规模超亿元的"互联网+"试点示范企业,培育 3000 名以上"互联网+"创新创业精英。

(4) 打造特色开放引领区。为全面提升内陆开放的层次与水平,湖南利用长三角地区对外开放引领功能,全面对接国家战略,培育和提升湖南开放型经济新优势,打造高层次开放平台。建设湘粤、湘赣边区域等开放合作试验区,着力构建长江中游城市群内陆开放引领区。

(三) 江西省经验:双核引领+绿色发展,打造长江流域生态保护与科学开发的典范

(1) 双核引领,多点支撑。江西省依托长江黄金水道、京九和沪昆铁路大通道,强化九江沿江开放门户作用和南昌主体核心地位,促进昌九一体化发展，打造引领全省对接长江经济带和长江中游城市群的"双核"；并推动赣东北开放合作、赣西经济转型、赣南等原中央苏区振兴发展、抚州深化区域合作等区域板块竞相发展，全面拓展与沿江省市和周边地区的对接合作。

（2）大力培育重点产业集群。根据《江西省生态文明先行示范区建设实施方案》，江西省将严格执行产能过剩行业项目禁批限批政策，有效化解产能过剩。大力发展产业集群，重点培育60个工业产业集群和20个省级工业示范产业集群，力争到2017年全省产业集群主营业务收入占工业比重达到50%以上。江西省重点培育60个工业产业集群中化工医药、新能源、新材料产业为20个，占到三分之一，包括江西省星火有机硅、庐山玻纤及复合材料、乐平精细化工、湘东工业陶瓷、新余高新区光伏、赣州稀土磁性材料及永磁电机、龙南稀土精深加工、会昌氟盐化工、上犹玻纤及新型复合材料、樟树盐化工、宜春锂电新能源、上饶经开区光伏、永丰碳酸钙、新干盐卤药化、金溪香料产业集群等。

（3）加大生态建设和环境保护力度。生态是江西省最大的优势和最亮的品牌，《中共江西省委关于制定全省国民经济和社会发展第十三个五年规划的建议》中明确提到打造生态文明建设"江西省样板"，大力发展绿色经济，加快发展绿色产业，发展低碳循环经济以及推行绿色生活方式。《江西省生态文明先行示范区建设实施方案》也表明江西省将加强生态系统保护与修复，加大工业污染、农业面源污染和城乡生活污染的减排与治理力度，全方位推进生态建设和环境保护，进一步提升生态环境质量。

（四）共性经验一：局部试点整体规划，稳步推进一体化建设

首先，通过局部试点方式，推进公共服务共享是赣鄂湘融入长江中游城市群一体化的共性起点。鄂湘赣皖四省省会城市先后签了署《武汉共识》、《长沙宣言》和《合肥纲要》，省会城市率先实现住房公积金异

地互认互贷,即将实现医保异地就医即时结算。随后咸宁、岳阳、九江携手打造咸岳九"小三角",探路"中三角"合作模式。咸宁、岳阳、九江、安庆等四地级市达成《咸宁共识》,共同推进区域规划、交通体系、产业分工、文化旅游、区域市场体系、生态文明、公共服务、社会保险平台等领域的合作,携手打造长江中游城市群建设的先行区、示范区。进而,通过整体规划推动基础设施互联互通、产业协同是赣鄂湘融入长江中游城市群一体化的共性抓手。2015 年 4 月《长江中游城市群规划》正式落地,随后赣鄂湘三省签署了《长江中游城市群战略合作协议》《鄂赣工业产业发展合作备忘录》《共建赣湘开放合作试验区战略合作框架协议》等战略协议,多部门联合共建促进商务、交通、旅游、医疗、文化等方面融合发展,城市群一体化发展的"融城效应"开始显现。

(五) 共性经验二:基础设施率先突破,着力构建一体化群体网络

以推进大交通群体网络为代表的基础设施一体化成为鄂湘皖率先突破的经验。水运先行,赣鄂湘通过长江中游城市群水运合作联席会在航道连通、港口合作等领域展开合作,长江深水航道整治"645 工程"模型试验已完成。三省道路运输一体化稳步推进,它们之间 18 条"断头路"先后打通,岳望高速于 2016 年建成通车,赣鄂湘三省的两小时城际高铁交通圈也即将完成。同时,武汉、长沙、合肥等临空经济区也在加快建设。总体而言,基础设施先行成为三省抢先融入长江中游城市群一体化的共性动力。

二 江西省融入长江中游城市群一体化的 SWOT 分析

2015 年 4 月国务院批准实施《长江中游城市群发展规划》,长江中游城市群被定位为中国经济发展新增长极、中西部新型城镇化先行区、内陆开放合作示范区和"两型"社会建设引领区。这不仅给赣鄂湘带来千载难逢的发展机遇，也为三省进一步深化合作提供了有利契机。本小节利用 SWOT 分析，辨别出影响江西省融入长江中游城市群一体化发展战略的关键因素，从而有利于了解江西省融入长江中游城市群一体化发展战略的环境条件，为江西省融入长江中游城市群一体化发展战略提供战略性的决策依据。

（一）江西省融入长江中游城市群一体化发展战略的机遇分析

1. 国家深入实施区域发展总体战略和新型城镇化战略

区域发展总体战略和新型城镇化战略是我国现代化建设进程中的大战略和历史性任务，是扩大内需的长期动力和推动我国经济持续健康发展的"火车头"，为江西省全面提高城镇化质量、推动城乡区域协调发展、提升开发开放水平、增强整体实力和竞争力提供了强大动力和有力保障。

2. 长江经济带建设加快

建设长江经济带，是新时期我国区域协调发展和对内对外开放相结合、推动发展向中高端水平迈进的重大战略举措。作为我国区域经济发展的第四极，长江经济带综合了产业、城镇化、基础设施和生态文明等各方面的一体化建设过程。日前长江经济带建设的加快让长三角、长江中游城市群和成渝经济区三个"板块"的产业和基础设施迅速连接起来，要素流动加快，市场统一加快，更好地促进产业有序转移衔接、优化升级，形成强大的发展新动力，进一步为江西省提供了良好的发展平台。

3. 市场经济步入新常态

经过几十年的高速发展，我国区域经济发展步入新常态阶段：速度维度从高速增长转为中高速增长；经济结构不断优化升级；由要素驱动、投资驱动转向创新驱动；城乡和地区发展更加协调；权力下放，建设服务型政府，改善民生。由此可见，将来我国经济会有更多、更好的发展机遇。在我国经济发展新常态的背景下，江西省将更好地全面深化改革、扩大开放、转型升级、创新驱动、绿色发展，从而开拓江西省经济社会发展的新境界。

4. 生态文明建设战略的实施

生态文明建设是关系人民福祉、关乎民族未来的长远大计。党的十八大报告将生态文明建设纳入中国特色社会主义事业"五位一体"的总体格局，更加凸显生态文明建设的重要性（杨锦琦，2015）。江西省是我国首批全境列入生态文明先行示范区建设的省份之一，《江西省生态文明先行示范区建设实施方案》的获批，标志着江西省建设生态文明先行示范区上升为国家战略，更好地推动了江西省生态文明建设、实现绿色崛起。

（二）江西省融入长江中游城市群一体化发展战略的挑战分析

1. 发展思路不一致导致竞争日趋激烈

中部地区共同发展以及各要素相互融合的思路已经被提出多年，但是目前仍然呈现出政府各自为政、分头突围的形势。其中，湖北努力打造"中部崛起"的战略支点，湖南正积极靠拢珠三角地区，江西省则明确提出当长三角的"后花园"。由于发展思路和实施战略的不一致，导致长期以来三个省份竞争大于合作，并日趋激烈（梁爽等，2014）。政府的发展观念仍停留在传统思维模式上，各地方政府职能部门需转变观念。行政壁垒和地方保护主义的情况依旧存在，严重阻碍了商品和生产要素的合理流动。

2. 资源环境压力加大

生态文明建设对江西省来说既是机遇也是挑战。江西省正处于加速发展的爬坡期、生态建设的提升期，经济发展任务繁重，对环境保护的压力持续增加。2013年重工业和六大高能耗产业增加值占全省工业的比重仍分别高达58.4%和36.1%，资源环境"倒逼"压力大，转型升级任务艰巨。过度的资源开发导致资源锐减、耕地数量减少以及耕地质量下降；重金属、持久性有机污染物等长期积累的问题导致流域面源污染防治任务艰巨；过量使用农药、化肥导致土壤污染加剧；环境污染日趋严重导致受污染面积变广。在这样生态环境脆弱的体系下，既要保证经济发展质量，又要走好生态文明的路是江西省融入长江中游城市群一体化发展战略的重大挑战。

3. 环鄱阳湖城市群的一体化发展

在中部崛起战略的号召下，不仅仅江西省在积极促进环鄱阳湖城市群一体化的发展，中部地区其余各省份也在大力发展其本身的城市群一体化，主要包括长株潭城市群区域一体化、武汉城市圈和环鄱阳湖城市群一体化。在这三大城市群中，长株潭城市群区域一体化发展水平最高，武汉城市圈次之，环鄱阳湖城市群最低。同时，由于都处于中部欠发达地区，因此各个区域之间存在较大的竞争性。而环鄱阳湖城市群在这些城市群中属于发展起步较晚的城市群，相对而言，在经济总量和财政收入上与其他城市群都存在较大差距，如图5-1所示，从三个省的地区生产总值和财政收入上可以看出，各个城市群中，江西省的地区生产总值

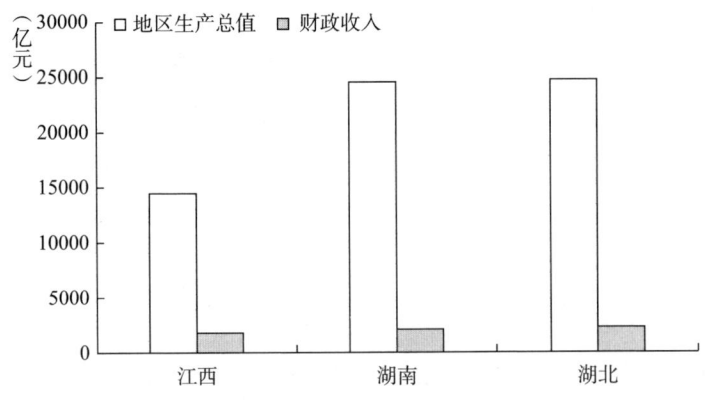

图5-1　赣鄂湘三省地区生产总值和财政收入情况

和财政收入状况都落后于湖南省和湖北省,环鄱阳湖城市群一体化发展所面临的竞争压力大。

4. 警惕"交通优势陷阱"

伴随着高铁时代的到来,沿线城市多以高铁为卖点进行规划建设,如果高铁沿线城市产业优势不明显,就会带来严重的同质化竞争,导致有限资源的浪费。同时,由于城市之间存在着发展梯度差,高铁的到来同样将加速一些优质资源和人才、资金、信息、技术等要素流向上海、江苏等长江下游发达地区,产生"虹吸现象"。高铁缩短了城市间的时空距离,可能会加速都市圈各种要素资源向中心城市集聚,壮大中心城市实力,却抢走了中小城市的优势资源,这种"虹吸效应"对都市圈的其他城市的发展是很不利的,我们在这里称之为"交通优势陷阱"。因此,江西省应警惕这种现象的产生。

5. 体制机制创新

要推进江西省进一步融入长江中游城市群一体化发展,城市群内体制机制上的突破是关键,只要体制机制获得突破,其他问题就会迎刃而解。江西省与中部地区其他省份的情况在许多方面都存在差异,如果将其他省份中城市群的发展模式生搬硬套在江西省区域一体化建设上面,就会产生水土不服等各种问题。区域一体化建设需要扩大开放、包容增长、协调发展,这就要求一体化区域进行大胆创新,特别是在体制机制方面。然而,创新之路,任重道远,体制机制改革是一项系统工程,既要突出针对性,深入查找问题的根源,又要统筹兼顾,合理科学地决策。因此,要做到体制机制的创新一定要从全局角度出发,兼顾创新体制机制后面所带来的一系列的连锁效应,科学合理地处理体制机制创新所带来的负面效应,让体制机制创新真正立足于江西省的实际情况来服务于江西省区域一体化的建设。目前来看,在全局角度上我们能看到的是长江中游城市群一体化建设在国家层面已经出台了《长江中游城市群发展规划》作为指导,同时形成了省市级首长联席会议、政府重要部门合作框架协议等良性机制,但是在国家与地方之间的区域层面,尚缺乏一个专门机构,对区域发展进行协调、沟通和保障。

6. 承接产业转移压力

近年来,东部沿海发达地区"两高"项目成批向江西省转移,给江西省资源环境造成了极大压力。据不完全统计,目前有200多个铅酸电池项目在省环保厅申请环评批复,有100多个废旧金属回收利用项目在发改委系统申请节能审查,印染、电镀行业提出整条产业链转移落户江西省。在承接东部沿海发达地区高耗能、高污染的项目转移上,地方政府面临两难选择:一方面这些项目符合国家现行产业政策,有利于地方经济的增长,且能够拉动当地就业水平;另一方面这类产业将迅速消耗江西省有限的能源资源,留下大量污染,资源环境代价巨大。在面对较大的承接产业转移压力下,如何寻求经济增长和资源保护的平衡,是主要挑战之一。

7. 产业结构趋同

中部地区是我国重要的能源与原材料基地,中部地区城市群的第二产业多以传统的基础制造业为主,企业创新能力不强,产品附加值低,所获得的利润远低于高新技术产业。根据三次产业比重进行测算,近三年赣鄂湘三省产业结构相似系数都超过99%,产业同构现象极为严重。图5-2所示的是江西、湖南、湖北三省2014年三大产业的比重对比,可以看出,三省各个产业的比重非常相似,第一产业增加值占当地生产总值的比重在11%左右,第二产业增加值占当地生产总值的比重在50%左右,第三产业增加值占当地生产总值的比重在40%左右。趋同的产业结构导致整个区域的产品集中度低,生产集约化程度提升缓慢,削弱了整体经济效益和竞争力。因此,江西省如何在趋同的产业结构中寻找自身的特色产业,在中部地区做好自身最有比较优势的产业分工,以提升城市群整体经济效益和竞争力,成为江西省融入长江中游城市群亟须解决的一个问题。

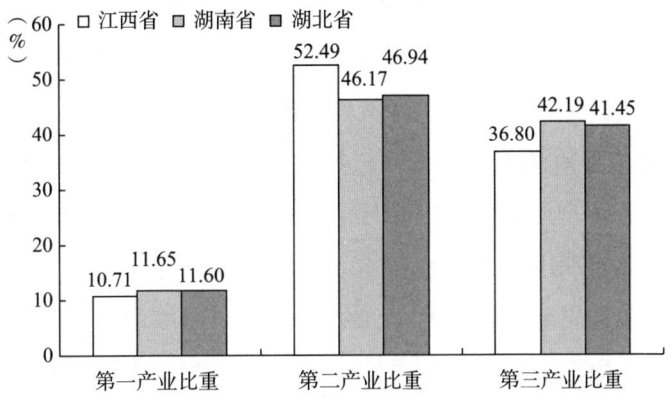

图 5-2 江西、湖南、湖北三省 2014 年三产业比重对比

(三) 江西省融入长江中游城市群一体化发展战略的优势分析

1. 优良的自然生态环境，资源环境承载能力较强

由于地处中亚热带地区，降水丰富，雨热组合状况良好，因此江西省一直以来是一个传统的农业大省。丰富且齐全的矿产资源，良好的自然环境为江西省带来了沿海发达地区后花园的美誉。虽然江西省经济相对落后，但生态文明先行示范区建设后发优势明显。此外，资源环境承载能力不断增强，生态环境质量继续位居全国前列，森林覆盖率达到 63.1%，全省主要河流监测断面 Ⅰ~Ⅲ 类水质达到 80.3%，11 个设区市城市空气质量达到国家二级标准，城镇生活污水集中处理率和城市生活垃圾无害化处理率分别达到 67.8%、93.28%。①

2. 独特的经济地理区位

江西省的地理位置优越，位于我国东南部长江中下游南岸，东邻浙江、福建，南连广东，西界湖南，北接湖北、安徽，是全国范围内唯一一个与三个三角洲（长江三角洲、珠江三角洲和闽南三角区）毗邻的一

---

① 《江西省国民经济和社会发展第十二个五年规划纲要》，江西省发展和改革委员会网站，http://www.jxdpc.gov.cn/departmentsite/ghc/ghjh/ztgh/201103/t20110329_57122.htm。

个省,具有非常明显的区位优势(俞勇军,2003),江西省又是泛珠三角经济区域合作的成员之一,是长江综合经济带和京九沿线经济带的交汇集中区,使其地位在中部地区不同于其他省区而突出出来。

3. 相对完善的低碳产业体系

江西省低碳产业初具发展基础。江西省低碳农业逐步推进,已有部分地区的农业发展以生态农业技术、有机农业技术、绿色农业技术为支撑;低碳工业初见成效,尤其是光伏产业、锂电池产业、风力发电设备制造产业、余热发电设备制造产业、绿色照明产业等已初具规模;低碳服务业初步发展,包括低碳旅游、文化创意产业、软件信息产业等发展势头良好(卢星星,2011)。并且鄱阳湖生态经济区构建了以低碳排放为特征的产业体系,实施低碳城市建设,在传统产业低碳化、低碳产业支柱化及低碳建筑、低碳生活等方面成效显著。

4. 产业发展平台不断扩大加强

进入新世纪,江西省委省政府提出了以推进工业化为经济发展的战略核心,依托工业园发展工业,以工业崛起加速江西省在中部地区的崛起,以工业的振兴实现强省富民的发展思路。工业园区的蓬勃发展,为全省国民经济的快速发展做出了积极贡献。2015年上半年工业园区经济总量已占到全省规模以上工业经济总量的78.8%,成为全省工业经济增长的重要支撑点。并且全省工业园区完成基础设施投入256.36亿元,同比增长15.0%,园区基础设施建设投入不断加大,投资环境日益完善,园区内水、电、道路、通信和环境治理等相关公共设施逐步完备,研发、信贷等园区公共平台建设取得突破,商贸、物流、娱乐等公共服务平台建设逐步成熟。这为全省国民经济平稳较快发展提供了有力支撑。[①]

[①] 《上半年全省工业园区经济逐月回升》,江西省统计局网站,http://xxgk.jiangxi.gov.cn/bmgkxx/stjj/gzdt/tjfx/201509/t20150901_1195770.htm。

5. 劳动力资源丰富，人力成本低

江西省是农业大省，农村剩余劳动力资源丰富，劳动供大于求。江西省统计局根据第六次人口普查资料预计，2015 年江西省 15~64 岁劳动年龄人口达到 3236.93 万人，占江西省总人口的 69.96%（如表 5-1 所示），且适龄劳动人口数量在近 20 年总体仍将保持持续增长的趋势。尽管江西省劳动力成本总体呈快速上升趋势，在岗职工平均工资持续上升，但 2013 年江西省城镇单位在岗职工平均工资仅为 43582 元，在全国排名第 29 名，人力成本较低，且低于湖北、湖南两省。

表 5-1 江西省 2015~2050 年人口预测

单位：万人，%

年份	总人口	0-14 岁		15-64 岁		65 岁及以上	
		人数	比重	人数	比重	人数	比重
2015	4626.63	990.23	21.4	3236.93	69.96	399.47	8.63
2020	4783.45	997.83	20.86	3297.55	68.94	488.07	10.2
2025	4881.2	949.28	19.45	3367.34	68.99	564.57	11.57
2030	4939.11	913.86	18.5	3362.02	68.07	663.24	13.43
2035	4965.69	870.02	17.52	3306.15	66.58	789.52	15.9
2040	4965.35	865.73	17.44	3200.28	64.45	899.34	18.11
2045	4938.59	874.71	17.71	3126.82	63.31	937.05	18.97
2050	4879.62	873.98	17.91	3101.38	63.56	904.25	18.53

资料来源：江西省统计局。

（四）江西省融入长江中游城市群一体化发展战略的劣势分析

1. 总体经济实力薄弱，差距扩大

2014 年江西省地区生产总值、财政收入、社会消费品零售总额均比湖北和湖南低，其中地区生产总值 15708.6 亿元，仅为湖北省的 57%，湖南省的 58%，社会消费品零售总额 5292.63 亿元，仅为湖北省的 43%，湖南省的 49%，差距显而易见（表 5-2）。

表 5-2　赣鄂湘 2014 年地区生产总值和人均地区生产总值

	地区生产总值（亿元）	人均地区生产总值（元）	社会消费品零售总额（亿元）	排名
湖北省	27367	47054	12449.27	1
湖南省	27048.5	40287	10723.45	2
江西省	15708.6	34661	5292.63	3

资料来源：《中国统计年鉴 2014》。

从发展趋势上看，三个城市群中，武汉城市圈的地区生产总值比重呈现上升的趋势，而长株潭城市群和环鄱阳湖城市群的地区生产总值比重呈现逐年下降的趋势。三个城市群的经济实力仍然处于差距不断扩大的局面（见图 5-3）。

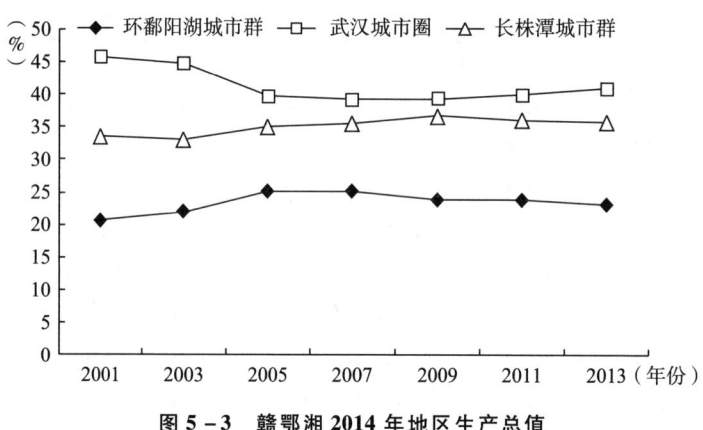

图 5-3　赣鄂湘 2014 年地区生产总值

2. 产业结构有待加强调整

近几年江西省坚定执行新型工业化发展的战略，不断加快经济结构调整和经济增长方式转变，使得产业结构得到进一步优化。但是江西省产业结构仍存在一定的问题。主要表现在两个方面，第一，服务业内部结构层次偏低，竞争力不强。2012 年，全省服务业增加值为 4460.76 亿元，增长 9.5%，服务业增加值的增长速度滞后于 GDP 增速 1.5 个百分点，滞后于工业 3.9 个百分点。从服务业内部结构看，江西省以传统服务业行业为主，而信息、咨询、科技、金融、房地产等新兴现代服务业所占比重偏低，服务品质和技术水平不高，在组织规模、管理水平与营销技术上与发达地区服务业都存在相当大的差距,难以适应激烈的市场竞争需要。第二,产业集群度不高,缺乏产业创新能力,高新产业比重偏低。虽然江西省工业占地区生产总值比重较大,但相对中部其他省份来说总量偏小,产业集群度不高,经济增长还是建立在传统产业增长的基础上。产业自主创新能力不强,具有自主知识产权、能占据技术制高点的工业产品匮乏,优强企业和知名品牌较少。此外,高新技术产业、战略性新兴产业比重偏低,在利用高新技术产业改造和提升传统产业方面还存在不足。

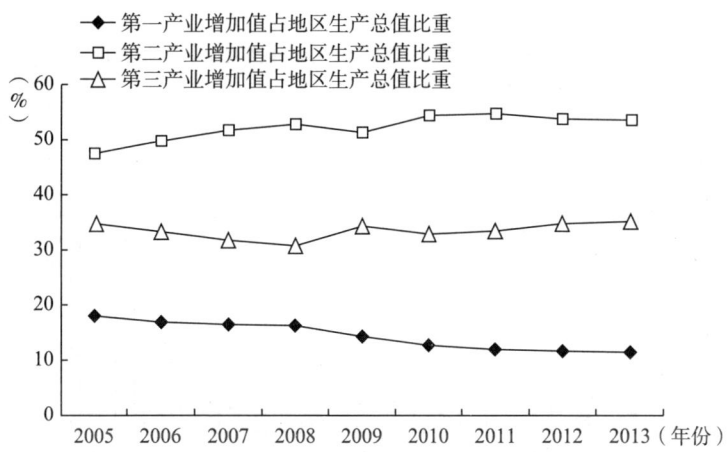

图5-4 江西省2005~2013年三大产业增加值占地区生产总值比重
资料来源:《江西省统计年鉴(2006~2014年)》。

图5-4反映了江西省2005~2013年三次产业增加值分别在地区生产总值中所占比重的变化情况。近年来,江西省经济发展仍以第二产业为主导作用,第一产业比重呈现出逐渐降低的趋势,第三产业呈递增趋势。但第三产业比重仍然偏低。

3. 人才资本储备不足与自主创新较弱

从科教实力、技术、人力来看,湖北省遥遥领先,占据绝对优势。江西省人才储备欠缺,表5-3显示了江西省近年来技术人员密度情况。从表中可以看出,近年来江西省人才密度不但没有提高,反而从2010年开始在逐年降低，这说明江西省在绝对数量上没有显示出人才流失现象，但从相对数量来说，人才储备数量没有随着从业人员数量同比增加。

表 5 – 3　江西省 2008 ~ 2012 年技术人员密度

年份	2008	2009	2010	2011	2012
平均每万人口专业技术人员（人）	160	160	156	158	157
平均每万在岗职工专业技术人员（人）	2562	2591	2489	2236	1965

资料来源：《江西省统计年鉴（2009 ~ 2013 年）》。

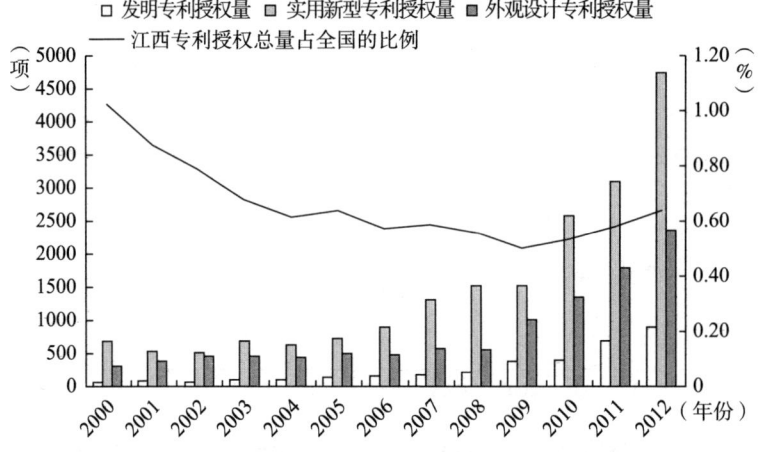

图 5 – 5　江西省 2000 ~ 2012 年发明专利趋势图
资料来源：《江西省统计年鉴（2001 ~ 2014 年）》。

此外江西省区域自主创新成果产出少，图 5 – 5 表示的是 2000 ~ 2012 年，江西省三种专利（发明专利、实用新型专利和外观设计专利）的授权量以及江西省专利授权总量在全国所占比例的变化情况。从图中，可以清晰地得出：虽然江西省三种专利的授权总量呈现出逐年增加的趋势，但是江西省三种专利的授权总量占全国的比例十分低，2000 ~ 2012 年，江西省专利授权总量在全国所占的比例没有增加，总体反而呈现出下行的趋势，2012 年江西省三种专利的授权总量仅占全国的 0.64%。而从发明专利来看，2012年江西省发明专利也仅为892项，发明专利授权量所占的比重与其他两种专利相比要低很多，而且这种情况近年来都没有多大改观。由于发明专利的申请授予量一定程度上代表着一个地区原始创新能力的情况，这也反映出江西省整体科技实力和自主创新水平较弱，江西省自主创新的成果极低。

4. 交通体系不完善

从交通密度来看，虽然江西省的交通运行的总体态势良好，但是与湖北、湖南省比较，从主要的公路、铁路和水运指标来看基本都处于明显落后的地位。表5-4反映的是2013年赣鄂湘三省的交通运输概况（公路密度等于平均每万平方千米省市面积中的铁路营业线路里程，铁路、水运密度的计算方法类似）。对于铁路，江西省目前正在致力于贯通高铁南北通道，受困于历史积欠，虽然江西省东西向高铁通道已打开，但因为介于京广高铁、京沪高铁两条南北向高铁之间，其南北交通区位条件依然落后，南北朝向的高铁亟须得到贯通。另外水运方面，江西省内拥有丰富的水资源，但是江西省的水运能力并不发达，这使得水路运输所具有的运量大、占地省、成本低、能耗小、污染少的优势都没有发挥出来，这提示我们需在水运巷道的建设上加大力度。

表5-4 赣鄂湘三省2013年的交通运输概况

	交通运输方式	湖北	湖南	江西
客运量 （万人）	公路	80670	149015	57915
	铁路	10410.47	9230.8888	6944.7962
	水运	442	1480	207
货运量 （万吨）	公路	100945	156269	121279
	铁路	5646.0502	5169.1039	5216.9394
	水运	24409	23097	8676
旅客周转量 （亿人次·公里）	公路	415.0746	721.934	307.6941
	铁路	634.0578	840.2787	622.6312
	水运	3.2366	2.8502	0.3645

续表

	交通运输方式	湖北	湖南	江西
货物周转量 (亿吨·公里)	公路	2046.2765	2329.5389	2829.0235
	铁路	914.2843	950.3446	612.7474
	水运	1791.2732	552.4455	198.3621
密度 (公里/平方公里)	公路	1.2206	1.1095	0.9105
	铁路	0.0191	0.0217	0.0178
	水运	0.0370	0.0460	0.0550

资料来源：《中国统计年鉴2014》。

5. 中心城市辐射带动能力不强

赣鄂湘的省会城市都构建了以自身为核心的省会城市群，武汉、长沙都明确提出了城市发展规划，而以南昌为中心的省会城市群处于探索起步阶段。2010年鄱阳湖生态经济区规划明确提出以省会城市为核心，区域其他5个中心城市（九江、景德镇、鹰潭、新余、抚州）为重点，加快构建环鄱阳湖城市群。此后，以南昌为中心的环鄱阳湖生态城市群最终得以确立，但由于规划太晚，该城市群目前根本无法与武汉城市圈和长株潭城市群相提并论。

目前，武汉、长沙作为武汉城市圈、长株潭城市群的中心城市，经济份额分别占城市群的40%、36%以上，已经具备一定的经济辐射带动基础，而南昌在环鄱阳湖城市群中的经济比重仅为26%，且呈现逐年下降的趋势，中心城市地位尚不显著，三者之间具有十分明显的差距（图5-6）。因此可以看出江西省南昌的辐射带动能力不强。

6. 长江岸线要素资源薄弱

长江经济带战略是国家重大发展战略，2014年国务院做出"依托长江黄金水道，推动长江经济带发展，打造中国经济新的支撑带"的长江经济带部署，长江经济带战略上升为国家战略。但在长江经济新格局中，相对沿江其他省市来说，江西省在数量上只有九江一个沿江城市，且长江岸线只有152公里，成为长江经济带上省市岸线长度最短的地区，岸

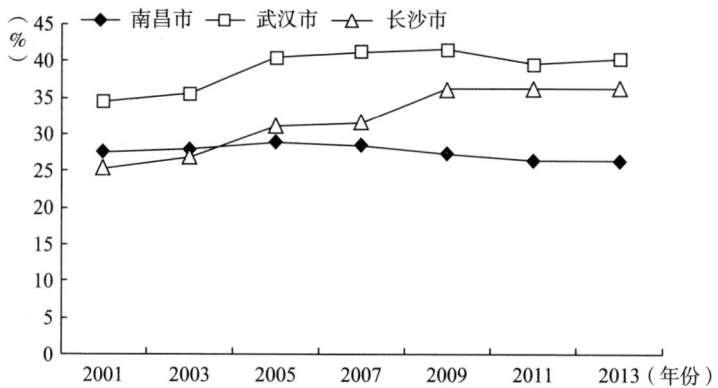

图 5-6 三省核心城市 2001~2013 年地区生产总值比重
资料来源:《中国城市统计年鉴 (2002~2014 年)》。

线要素资源薄弱,这就决定了在区域范围的拓展上受到一定限制。相比较而言,湖南省也只有岳阳市一个沿江城市,长江岸线 163 公里,多于江西省,而湖北省占据着长江岸线得天独厚的地理优势,共有 7 个长江沿江城市,总计沿江岸线长度 1344 公里,是江西省的近 9 倍。江西、湖南、湖北三省长江岸线资源情况如表 5-5 所示。

表 5-5 江西、湖南、湖北三省长江岸线资源情况

省份	城市	沿江岸线长度(公里)	总计(公里)
江西省	九江市	152	152
湖南省	岳阳市	163	163
湖北省	荆州市	483	1344
	武汉市	237	
	黄冈市	223	
	宜昌市	130	
	咸宁市	118	
	鄂州市	80	
	黄石市	73	

7. 环鄱阳湖城市群的发育程度低

由于城市化发展阶段的差异,长江中游地区三大城市群的发展程度也不均衡。武汉城市圈的发展成熟度最高,长株潭城市群次之,环鄱阳湖城市群的发展则处于起步萌芽阶段。相比武汉城市圈呈现的"一强众弱""强市弱圈"的局面,环鄱阳湖城市群的发展由于核心城市南昌的发展还相对缓慢,各城市实力较弱,城市集聚和扩散效应不明显,暂时无法形成城市群合力,所以城市群的发展处于萌芽阶段,发育程度低(方辉,2012)。

8. 对外开放程度低,外资利用规模小

如图5-7所示,江西省2014年进出口总额为427.82亿美元,实际利用外资额为85.81亿美元,其中进出口总额基本与湖北持平,并超过湖南省,实际利用外资额超过湖北、湖南两省。相对于另外两省,江西省主要优势在于出口额远大于其他两省,而进口额却低于另外两省。但是与全国平均水平相比,差距非常巨大,尤其表现为进口额、出口额以及进出口总额均远低于全国平均水平。江西省的外商投资大多集中于第二产业,特别是制造业,2014年新登记的外商投资企业为619户,其中制造业企业占总新登记企业数的44.1%,而服务业新登记外商投资企业的比重却比较低,尤其是江西省经济结构需要优先发展的金融、教育等服务业比重较低,这显然不利于江西省参与产业分工。

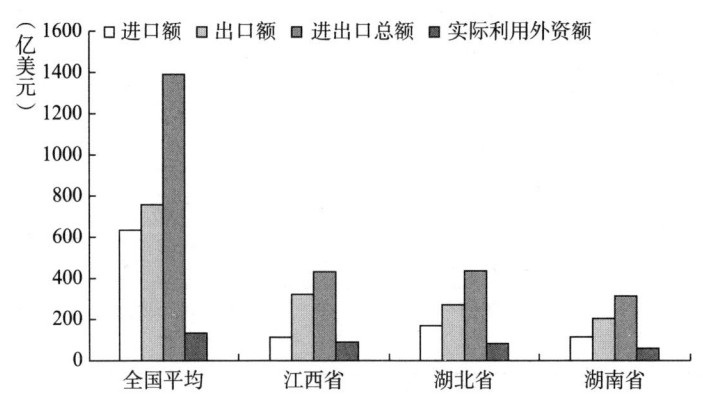

图5-7 赣鄂湘三省2014年进出口结构及对比

9. 产业转移综合配套能力不强

近年来虽然江西省工业发展速度很快,具备一定的产业基础,但产业集聚和企业集群的态势还处于形成过程中,未形成具有规模的块状区和特色产业带,集聚效应还不明显。产业间没有形成相互协调、相互促进的产业链,呈现出规模小,集约化、专业化程度低的现象(曹青云,2010)。这种状况降低了江西省产业的配套能力,进而限制了部分企业向江西省转移。并且产业的转移带来的外资引进主要是针对第二产业,而对于作为支柱产业的第一产业和具有巨大发展潜力的第三产业却没有投入更多的关注,造成江西省大量的资金、技术集中在第二产业,整体产业布局发展不均衡。

第六章　赣鄂湘融入长江中游城市群一体化的障碍比较

武汉城市圈、环长株潭城市群、环鄱阳湖城市群三大区域地理位置毗邻，自然气候因素相近，文化相近，自古以来经济交往密切，成为三者合作的有效基础。但是在此基础上却孕育着趋同的产业结构，城市功能定位大体相似等因素制约了三省的合作交流，因此分析赣鄂湘融入长江中游城市群一体化发展战略的关键障碍显得尤为重要。通过赣鄂湘融入城市群的关键发展障碍对比，可更加清楚地认识各省特别是江西省发展之不足，为更好地借鉴发达地区成功经验提供依据。

一　湖北省融入长江中游城市群一体化的障碍分析

（一）产业集群之间关联度低

湖北省产业集群发展迅速，如武汉经济技术开发区、吴家山海峡两岸科技产业园等产业集群。但这些产业集群仍处于起步阶段，产品附加值低、链条短。集群之间内在关联不紧密，上下游产业配套和协作关系不协调，因此辐射和带动能力都有限。从湖北省统计局给出的各市支柱产业现状来看（如表6-1），除黄冈和潜江两市外，其他七个城市都在发展食品业，同构化明显；在黄石，其支柱产业中不仅包括了轻纺工业如食品、纺织等，而且还包含了资源加工、机械电子等各个方面，覆盖面广，其优势并不突出；其他几省的产业分布也是各自为政。这些特点不仅说明了湖北几大城市之间的产业发展缺乏交流与合作，而且也反映了产业的梯度发展格局与一体化布局框架尚未形成。

表6-1 各城市支柱产业

武汉	钢铁、机械、化工、建材、纺织、食品、造纸
黄石	冶金、建材、纺织、机械、化工、医药、轻工、食品、电子
孝感	机电、食品、建材、化工
黄冈	建材、纺织、机械加工
仙桃	纺织服装、轻工、食品、医药化工
咸宁	轻纺、机械、建材、食品、运输
鄂州	冶金、服装、食品
潜江	机械、轻纺、石油、盐化工、医药化工
天门	农产品加工、食品、纺织

资料来源：武汉都市圈总体规划纲要（2007～2020）。

（二）服务业内部结构不优，发展后劲不足

从各行业占比来看，2014年，湖北省交通运输、仓储和邮政业，批发和零售业以及住宿和餐饮业这三个传统服务业占全部服务业增加值的比重达到34.9%，而金融业占比仅为12.1%，具有高知识含量和高附加值的信息技术服务、文化创意、动漫产业、服务外包、新型消费等新兴服务业尚未形成规模和竞争优势。

从服务业投资结构看，湖北省服务业投资偏重于房地产业和基础设施，直接用于扩大和提升现代服务业有效供给和需求的比例较小。2014年服务业投资中，房地产业，水利环境和公共设施管理业，交通运输、仓储和邮政业，批发和零售业这四个行业投资占全部服务业投资比重达79.4%，而信息传输、软件和信息技术服务业，金融业，科学研究和技

术服务业投资比重均低于1%。对科学研究和高技术服务业投入不足不利于服务业的结构转型，减缓了服务业发展速度。

（三）资本市场发展滞后

与长三角地区相比较，湖北省中小企业在投融资方面存在较大差距，资金矛盾仍未改善。一方面企业流动资金日渐紧缺。2014年1~5月全省规模以上工业企业两项资金总量占流动资产的比重达31.8%，同比上升了1.4个百分点。其中，应收账款增长17.3%，高于收入增速4.1个百分点。另一方面企业融资门槛和成本居高不下。2014年1~5月全省工业企业利息支出增长9.0%，分别较1~4月和第一季度加快0.3个和3.2个百分点。贷款审批时间长、贷款期限短、只还不贷、利率高等新老问题比较突出。据调查，武汉小微企业目前从银行贷到款额仅能满足其资金需求量的57.6%。

（四）武汉"一城独大"，辐射和带动作用较弱

2013年武汉市的地区生产总值超过9000亿元，但宜昌、黄冈等市均未超过3000亿元。由此来看，武汉经济发展的水平以及其独特的区位优势并没有带动附近城市的快速发展，反而形成武汉"一城独大"的现象。因此在国务院的优惠政策源源不断地提供给武汉的同时，湖北省政府的优惠政策应该尽量给宜昌、襄阳两个副中心城市，支持宜昌、襄阳做大做强，从而更好地发挥武汉、宜昌、襄阳对周边城市的辐射能力。

（五）严峻的资源环境保护压力

湖北是保障国家能源安全的战略载体，同时是我国关系到国计民生的重要原材料及主要初级产品的生产与输出基地，高科技含量、高附加值的产品不多。这种低层次产品结构的工业化危机重重，高能耗的生产方式需要调入大量的煤炭和石油，主要的工业项目大都与本地产业基础

毫无关联，生产成本较高，缺乏持续竞争力。东部地区在前一阶段牺牲环境单纯追求 GDP 增长、先污染后治理的发展方式下，资源环境问题凸显，原有方式不可持续发展。湖北自然资源优越，但在发展过程中面临能耗水平和污染物排放水平偏高、宜耕后备土地十分有限，以及水环境污染、酸雨、水土流失等问题，在"两型"发展要求下，湖北亟待加强节能减排、集约节约利用土地和污染排放（关莉，2014）。

二 湖南省融入长江中游城市群一体化的障碍分析

（一）产业体系突破不够，未形成完整的产业链

湖南省在发挥自己传统优势产业的基础上，一直在不断优化自己的产业结构，慢慢壮大的现代服务业也不断推动湖南省的经济发展。但是从总体上来看，湖南省的产业体系并没有实现根本性的突破，城际战略产业链也没有完全形成。城际战略产业链是指城市群内各个城市依据各自的资源禀赋、价值创造能力，对产业链的各个环节、工序进行专业化的分工，形成影响区域产业一体化发展的关键产业链（胡慧旋，2012）。但湖南省目前主要停留在不同城市主导产业的分工上，对形成城际战略产业链缺乏推动，对产业链的分工和地理规律把握还不够。

（二）体制机制创新不到位

行政管理体制创新的滞后对整个城市群的体制机制创新的进程都会产生影响。任何一项合作的开展都涉及政府部门或者相关利益团体，离不开各市政府的配合和协作，地方政府因而成为各地区融入长江中游城市群推动机制的重要组成部分。除了强调政府治理理念的转变之外，湖南省政府管理体制还要进一步适应城市群一体化的需要，克服政府主导

下行政管理体制的缺陷,从根本上破解行政区划障碍和地方保护主义。

(三) 环长株潭城市群内部发展不平衡

在环长株潭城市群内部,存在核心区域与周边区域发展不平衡的现象,尽管在城市综合竞争力上,环长株潭城市群内的主体城市长沙、株洲、湘潭三市的综合排名都相对靠前,但与城市群内其他城市之间的差距还是比较明显的,甚至呈现逐步扩大的趋势。对比我国发育程度最高的长三角城市群,环长株潭城市群无疑在整体实力的提升上存在明显的不足。

(四) 城镇化发展水平同全国相比存在差距

根据湖南省统计局测算,2013年湖南的城镇化率为47.96%,而同期全国的城镇化率为53.73%,存在5.77个百分点的差距。而同处于中部地区的湖北省、江西省、山西省的城镇化率分别为54.51%、48.87%、52.56%。且由于地理区位、功能划分及经济发展历史等因素,湖南新型城镇化水平的地区分布也存在显著差异。因此湖南省应该加快创新城镇化发展体制机制。

(五) 对外开放水平偏低

作为内陆省份的湖南,虽然其加快了对外开放的步伐,但由于受到自然地理、政策环境、传统观念等因素的影响,经济对外开放程度仍然处于较低的水平。2014年,全省外贸进出口总额仅为310.272亿美元,外商投资企业进出口总额仅为67.47亿美元。同时,同处于中部地区的江西省、湖北省外贸进出口总额分别为427.82、430.64亿美元;外商投资企业进出口总额分别为131.63、145.29亿美元。且与广东省的2014年外贸进出口总额超过10000亿美元、外商投资企业进出口总额超过5888亿美元相比,存在着明显的差距。

三 江西省融入长江中游城市群一体化的障碍分析

(一) 经济总量偏小,竞争份额不足

2014年长江中游城市群人均地区生产总值为49700元,已经进入中等收入区域行列。但江西省地区生产总值、财政收入、社会消费品零售总额均比湖北和湖南低,其中地区生产总值仅为湖北省的57%、湖南省的58%,差距显而易见。同时,武汉城市圈在长江中游城市群中的地区生产总值份额高达40%,而环鄱阳湖城市群地区生产总值比重则仅约23%,远低于其他两个城市群,江西省经济总量劣势凸显。在长江中游城市群一体化发展背景下,武汉城市圈占有绝对优势,如果江西省不能快速提升自身发展份额,在城市群一体化中容易被"阴影化"。

(二) 中心城市辐射能力偏弱,带动性不强

目前,武汉、长沙作为武汉城市圈、长株潭城市群的中心城市,经济份额分别占城市群的40%、36%以上,已经具备一定的经济辐射带动基础,而南昌在环鄱阳湖城市群中的经济比重仅为26%,中心城市地位不稳固,三者之间差距显著,大大限制了环鄱阳湖城市群壮大发展,在长江中游城市群一体化竞争中容易被"边缘化"。

(三) 产业结构层次不高,集聚程度不够

2014年江西省工业制造业排名前六位的行业中有黑色或有色金属冶炼和压延加工业、化学原料和化学制品制造业、非金属矿物制品业,产业层次不高。第三产业增加值为5636.6亿元,仅为湖北省、湖南省的50%,现代服务业相对落后。同时,产业链条不长,产业集聚程度仍不足,"一流设备、二流工艺、三流产品"现象在江西省更为普遍,尚没

有超千亿元的产业集群，缺少大产业、大企业、大项目、大集群，产业集群还处在企业集聚的初级阶段，在长江中游城市群一体化竞争中容易被"弱质化"。

（四）开放开发程度不够，关联的创新驱动不足

虽然江西省有通江达海，毗邻长三角、珠三角、海西经济区的开放区位优势，但与湘粤合作区、皖江城市带等相比，尚缺乏特色鲜明的对外开放平台，开放型经济起步较晚，开放意识不强，对外开放程度较低，经济合作层次尚处于低水平阶段，开放型经济发展质量不高。同时，江西省作为欠发达地区经济增速在全国崭露头角，一定程度上是发挥"后发优势"的成果，但创新驱动力仍不足，在长江中游城市群一体化竞争中容易被"空洞化"。

（五）运输方式衔接不畅，组合效率和整体优势没有显现

交通运输体系是一个完整的体系，它要求各种运输方式相互衔接，进行优势互补，提高运输效率，形成整体优势，从而加快运输速度。据上章"江西省融入长江中游城市群一体化发展战略的劣势分析"，目前江西省有公路、铁路、水运和航空这四种方式，但民航、水路运输量较少，主要还是以公路和铁路运输为主，各种运输方式衔接还不是很顺畅，还是各自为政，没有互相协调。

四 融入长江中游城市群的共同障碍问题

（一）区域合作协调难度大

2013年中三角区域省会城市商会在武汉召开，三省政府高层在会中决定三省将在交通基础设施建设、公共资源共享、区域市场开发等领域

共谋合作，三省政府相关部门也签订了一系列合作协议。目前合作已经在众多领域开展，但同时三省的合作仍处于起步阶段，合作进展比较缓慢，且主要在省会城市中展开。且由于高层领导重视不够、行政隔阂、地区发展不平衡等原因，三个省份地方政府在合作模式方面还存在一些亟须解决的问题。因此要真正达到区域合作，难度还较大。

（二）产业结构驱动下区域分工不合理

根据第二部分的研究可以得出，由于赣鄂湘的地理区位相邻并且资源禀赋相似，同样都是我国加快工业化和城镇化的国家级重点开发区域，三省产业结构相似度高，第二产业比重偏高，均处于工业化中期。产业发展方面，各城市分工衔接不够，内在关联不紧密，武汉、长沙、合肥、南昌都把汽车及零配件、装备制造、电子信息等作为支柱产业，而横向联系层次较低、配套水平不高。虽然在主导产业表面上是实现了集群，但实际上并没有形成产业集聚效应，上下游产业配套和协作关系尚需加强协调。

（三）经济发展与生态环境保护的矛盾性突出

生态环境具有典型的外部性效应，城市群内的城市均会受其影响，因此生态文明建设是长江中游城市群合作的重要主题。任何国家或地区在发展经济的同时，必然会带来大量的资源需求，产生大量的生产性和生活性污染。虽然长江中游城市群内部在积极建设生态区，包括湖北、湖南正建设的国家"两型社会"综合配套改革试验区，江西省环鄱阳湖生态经济区，但是重化工产业污染导致长江中游城市群水质普遍超过三类标准。多数城市PM10、PM2.5、CO等多项空气污染指标超标。赣南、鄂东和湘西北地区水土流失严重。因此赣鄂湘三省应该妥善处理好经济发展与资源环境承载能力、生态安全格局之间的矛盾，避免陷入经济发展与环境污染的困境。

(四) 基础设施共建共享机制不顺畅

基础设施本身是一个需要相互衔接、相互配合的运作整体。但是湖北、湖南和江西省在建设基础设施时具有强烈的地方化特色，缺乏统一的规划和协调配合，存在重复建设，共建共享机制不顺畅（柳青，2014）。比如在交通设施建设方面，长江中游城市群仍然存在较多的公路交通"断头路"、长江"黄金水道"功能未得到充分发挥、高速铁路网络尚未形成、各子城市群内部和之间的联系还比较薄弱等问题。

第七章　苏浙沪融入长三角一体化战略的经验借鉴

长三角是我国最重要的经济带和城市群,在我国整体经济发展中具有举足轻重的作用,是最快融入长江经济带的区域,其经验值得我们借鉴的地方便是前期规划一体化。在前期的规划中将长三角准确定位,并对规划对象做一体化部署,保证相关综合保障设施的施工建设,推出体制机制的创新,从而长江经济带规划一出台,长三角就能迅速在已有的基础上融入。

2008年《进一步推进长江三角洲地区改革开放和经济社会发展的指导意见》的出台使长三角区域一体化发展上升为国家发展战略,2010年颁布《长江三角洲地区区域规划》,特别是2016年6月发布《长江三角洲城市群发展规划》,更加突出了长江三角洲的带动作用。7年多来,长三角区域一体化进程不断加深,区域合作取得了巨大进展,已经成为国内区域一体化发展的领先区和示范区。因此,通过对苏浙沪融入长三角一体化发展战略的分析,可以为江西省融入长江中游城市群一体化发展战略研究提供政策启示。

一 苏浙沪融入长三角一体化的重要政策措施

(一) 政府职能服务化

1. 建立协调机制，形成完善的区域合作机制体系

随着社会主义市场经济体制的建立和完善，长三角地区为打破行政区划的束缚，充分发挥区域整体优势，先后建立了不同层次、不同性质的协调机制，目前已经形成了相对完善的区域合作机制体系。在政府层面，协调机制主要包括三省市主要领导定期磋商机制，苏浙沪经济合作与发展座谈会、长江三角洲16个城市经济协调会，三省市有关职能部门沟通协商机制，长三角人才开发一体化联席会议制度，长三角地区道路货运一体化工作联席会议制度等。其中，三省市主要领导定期磋商机制属于该合作体系最高级的协调机制，主要就该区域发展的重大战略问题，研究区域合作的总体要求和重点事项，通过磋商达成的一致意见，是长三角开展区域合作的直接依据。

企业在长三角地区区域合作中的主体地位得到充分体现。市场对社会资源的优化配置起着重要的基础性作用，以商会为骨干的市场中介组织、行业自律组织的兴盛，提高了市场配置资源的绩效，有力地推动了该区域的经济整合。而政府则对市场机制的发育、市场体系的健全、市场规则的完善和市场环境的优化起着重要的建设性作用。

2. 规则体系共建

长三角地区联合上海、南京率先开展国内贸易流通体制改革和发展综合试点，打破条块分割的政策和体制障碍，加快探索建立统一的区域市场规则体系。共同研究制定适应技术创新与商业模式创新要求的准入制度，健全市场化退出机制。在三省一市率先推进实施市场流通领域的国家、行业和地方标准，加强标准与产业政策、市场准入、监督管理等

的有效衔接。继续清理市场经济活动中含有地区封锁内容、妨碍公平竞争的规定及各类优惠政策，促进规则透明、竞争有序。①

（二）区域市场一体化

1. 上海自贸区建设

2013年9月29日，我国上海自贸区正式成立，面积28.78平方公里，涵盖上海市外高桥保税区、外高桥保税物流园区、洋山保税港区和上海浦东机场综合保税区等4个海关特殊监管区域。2014年12月28日全国人大常务委员会授权国务院扩展中国（上海）自由贸易试验区区域，将面积扩展到120.72平方公里。

上海自贸区的建设对于长三角地区区域市场一体化方面具有重大的促进作用。这种促进作用主要体现在自贸区的溢出效应上，通过自贸区所建立的平台，长三角地区市场将共建规则体系、共推创新模式、互联流通设施、互通市场信息、互认市场体系，最终构建出长三角市场一体化的市场基本体系。

2. 统一要素市场和商品市场

市场一体化是区域经济一体化的基本标志。对此，长三角建立了一批融入国内市场的金融、技术、商品等要素市场，形成了一批年成交额超百亿元的商品市场，极大地增强了区域经济的集聚和扩散功能（曹明园，2006）。目前江苏、浙江形成了一批规模大、辐射广的轻纺产品和小商品专业市场和特色市场，上海也建立了包括批发、零售、现货和期货的多功能、高层次市场体系，诸如资本市场、资金拆借市场、期货市场、技术市场、劳动力市场、房地产市场等，成为中国现代化大市场交易数量最多、交易规模最大的城市（沈玉芳，2003）。据统计，在全国十大

---

① 资料来源：《推进长三角区域市场一体化发展合作协议》。

生产资料市场中,长三角就拥有6个,使市场机制对资源的配置作用明显加强,有利于引导企业按利润最大化的原则合理分工和安排生产。

3. 创新模式共推

加快市场技术流通和模式创新能够提高区域市场流通现代化水平。长三角不断推动电子商务规模化、规范化发展,加速深化长三角区域各领域电子商务创新应用,促进商业转型升级。借助现代信息技术,全面整合产业链,融合价值链,大力发展平台经济,推动传统的实体商品交易市场转型升级为金融、物流和资讯相配套,商品、要素和服务更加融合的"升级版"市场(沈则瑾,2014)。

4. 市场监管共治

推动三省一市监管互认、执法互助,形成权责一致、运转高效的区域市场综合监管体系。运用大数据理念和技术,启动建设协同监管信息共享平台,促进政府行业管理和监管执法信息的归集、交换和共享,推动全程动态监管。加强互联网领域打击侵权假冒工作,推广"科技+制度+保护+诚信"治理模式,建立权利人沟通机制和推行网上交易可疑报告制度。升级完善集信息发布、涉嫌案件移送、案件咨询、案件统计等功能为一体的行政执法与刑事司法衔接信息共享平台,优化案件移送、受理、反馈、监督、公开等工作机制(沈则瑾,2014)。

(三)产业结构合理化

1. 确立主导产业,明确各自产业分工

长三角地区的产业分工主要结构为"一个中心——上海,两个支撑点——南京、杭州"。但是随着长三角区域交通大格局的进一步改善与调整,特别是杭州湾跨海大桥、长江口跨江大桥和沪崇(崇明岛)苏(南通)大通道三大工程的完成,宁波、南通在长三角区域内的地位逐步跃升到与南京、杭州同等重要的位置。"一个中心两个支撑点"的发展格局逐步演变成了"一个发展极(上海),两个支撑点(南京、杭州),五条发展轴(沪宁、沪杭、杭雨、宁通、宁杭)"的基本格局,进一步调整和优化了区域城市的功能定位。

在目前所形成的这个基本格局中,每个城市在区域性的主导产业、支柱产业中找准各自的定位,发挥自己的特色,从而建立起自己的优势产业。如上海以金融、证券、信息为代表的高层次服务业和以信息、汽车、电子、生物工程为代表的新兴工业,南京的石化、电子业,杭州的轻纺、旅游业,宁波的石化,舟山的海水捕捞和养殖都已具有相当的规模。上海市的制造业则逐渐向周边城市转移,工业比重慢慢缩小,逐渐转型为以高新技术为支撑的先进制造业以及现代服务业为主的现代城市,向周边地区提供产前、产中和产后的全方位服务。而江苏和浙江省则利用从上海转移出来的传统制造业进行进一步的升级和创新,进行传统制造业的跨越式发展。

2. 明确发展二、三产业战略性新兴产业

在《长江三角洲地区区域规划》中,明确指出长三角地区要优先发展现代服务业,加快发展新兴产业。长三角地区16城市纷纷出台的转型升级政策,加快了长三角从制造业为主向服务业、制造业并重转变,三次产业结构进一步优化。经过多年发展,目前长三角地区产业结构总体保持"二三一"格局,第三产业比重明显提高,产业结构也不断优化,已经进入工业化的中后期,许多产业在原有基础上,不断延伸产业链条,配套能力不断增强,形成了具有较强竞争优势的产业集群。

在把握二、三产业整体发展趋势的基础上,要重点发展长三角地区战略性新兴产业。长三角地区有着良好的经济基础、区位优势、雄厚的工业基础和强大的研发能力,在发展战略性新兴产业方面具有较好的发展基础,长三角各省市也根据自身条件,确立了各自的战略性新兴产业的重点发展领域。上海市在2012年公布的《上海市战略性新兴产业发展的"十二五"规划》中,确定了六大主导产业(软件和信息服务业、新一代信息技术制造产业、高端装备制造产业、生物产业、新能源产业、新材料产业），以及两大先导产业（节能环保产业、新能源汽车产业），与国家的重点产业领域保持高度一致。江苏省在"十二五"期间制定了《江苏省战略新兴产业"十二五"发展规划》，明确了新能源产业、新材料产业、生物技术和医药产业、节能环保产业、新一代信息技术和软件产业、高端装备制造产业、新能源汽车产业、智能电网产业、海洋工程装备产业、物联网和云计算产业等十大产业为江苏省"十二五"期间战略性新兴产业的重点发展领域。浙江省政府也同样颁布了多部战略性新兴产业发展指导文件，确定了九大战略性新兴产业，包括：生物产业、新能源产业、高端装备制造业、节能环保产业、海洋新兴产业、新能源汽车、物联网产业、新材料产业以及核电关联产业。同时，浙江省针对不同的城市发展基础，对其十一个市分别提出重点发展的产业领域，如：杭州市重点发展生物、物联网、节能环保、高端装备制造等产业，宁波市重点发展新能源、新材料、物联网、海洋新兴等产业。

（四）基础设施共享化

1. 交通基础设施一体化

长三角地区经过多年的努力，初步建成了铁路、航空、水运、公路等多种运输方式相互衔接的现代化综合交通体系，设施水平和总体规模已经进入了国际先进行列。长三角地区首先从最容易进行一体化的高速公路互联互通做起，在此基础上，从市场联系相对紧密且有稳定市场需求的沪宁、沪杭高铁修建开始，再逐渐过渡到宁杭高铁。目前，长三角已经形成了沪宁杭之间的3小时高速公路圈和1小时高铁圈，长三角3个核心城市的同城化效应日益显现，大大推动了整个长三角的一体化进程（万英发，2010）。

以长三角现代公路水路区域发展规划为例，《长三角现代化公路水路交通规划纲要》打破了地区界限、体制界限以及行业界限，从整合长三角地区交通资源的角度，对2005～2020年的长三角公路水路交通发展做出了具体描述。为了充分发挥长三角内河航运优势，长三角将以长江为干线，京杭运河和集装箱、能源运输通道为核心，三级航道为主、四级航道为补充，形成"两纵六横"4000余千米、共23条航道为骨干的高等级航道网。规划航道里程4200千米约占长三角现状等级航道里程的33%，其中三级以上航道3400千米，四级航道800千米。此外，在这种"整合"的思路下，2005～2020年，长三角将会出现上海、南京、杭州、宁波、温州、徐州、连云港共7个国家级综合运输枢纽。

2. 共同打造国际航运中心

围绕上海国际航运中心建设，推进区域内海港群建设，积极调整和优化其功能和布局，共同争取国家有关部门编制长三角沿海港口发展规划（解艳波，2010）。对现代航运集疏运体系进行了优化，规划建设以上海为中心、以江浙为两翼、以长江流域为腹地的国际航运枢纽港。上海航运中心将基本实现货物、船舶、企业、资金、人才、信息、技术等航运要素与资源集聚，初步具备全球航运资源配置能力，形成上海国际航运中心核心功能。

（五）区域技术创新

1. 构建区域技术创新网络

为了实现区域技术创新，长三角区域设置了长三角区域创新体系建设联席会议办公室，建立了长江三角洲科技资源共享服务平台、重大科技项目联合攻关，逐步构建区域技术创新网络，促进区域创新能力的提高。通过对知识创造能力、知识流动能力、企业技术创新能力、技术创新环境、技术创新的经济效益等多方面的综合考察，得出各省市创新能力综合得分及排名如表7-1所示。在各省份创新能力排名中，江苏居于榜首，上海和浙江列于第四位和第五位。这一系列措施让长三角地区的制度创新一直都走在中国各地区前列。

表7-1 各省份创新能力综合得分及排名（2012年）

省市	综合得分	排名
江苏	53.84	1
广东	49.38	2
北京	46.11	3
上海	42.28	4
浙江	38.48	5
山东	36.71	6
天津	34.09	7
辽宁	31.28	8
安徽	30.08	9
湖南	28.45	10
湖北	28.35	11
四川	28.35	11
重庆	28.08	13
陕西	27.84	14
河北	26.67	15
福建	26.48	16
内蒙古	26.18	17
河南	25.26	18
黑龙江	24.61	19
江西	24.32	20
海南	23.30	21
广西	22.67	22
贵州	20.77	23
吉林	20.76	24
山西	20.68	25
新疆	20.32	26
甘肃	19.70	27
云南	19.37	28
青海	17.62	29
西藏	17.43	30
宁夏	16.80	31

资料来源：柳卸林，高太山：《中国区域创新能力报告2012》，科学出版社，2013。

2. 人才资源一体化

在苏浙沪三地合作交流已有的经验和基础上,长三角地区确定了区域人才开发一体化的目标。遵循人才资源开发自身的客观规律,确立了区域人才开发整体目标。以提升区域人才综合竞争力为目标,增强了区域人才开发的交流和合作,促进优势互补,加快了长三角人才开发一体化的进程,从而提高了长三角人才资源开发的综合实力和整体水平。

二 对长江中游城市群一体化的重要启示

(一) 重视协同发展合作制度与机制的构建

树立"共赢、联动、协同"的发展理念,构建长江中游城市群区域间的利益共享机制,通过合理的利益分配与补偿,促进资源要素可以更高效地流动。加强区间合作,消除行政壁垒,建立大市场的发展观念,努力促进长江中游城市集群的发展成为国家战略。长江中游城市集群的发展能够担当其承接产业转移的重任,并且能够将发展势能向西部传导。这既能够充分享受长三角地区的优势资源及高新技术产业的外溢作用,不断深化城市集群内部产业结构调整,也能够与成渝经济带协调配合,将中东部地区先进的发展理念以及优势资源转移到西部,缩小东中西部差距。

(二) 多层次的网络型合作治理模式

政府联动、企业主动、民间促动合力,推进中央指导与地方协调的结合、省政府推动与各市推动的融合、领导协商与部门联手推动相结合、政府推动与社会能动相结合,形成长江中游城市群发展合力,最大限度地释放协同发展红利。

坚持市场引导与政府主导相结合、企业主体与社会参与相结合的原则，建立全方位、多层次的区域合作交流机制，打破行政区经济，发展城市群经济。以黄金水道和重要交通通道为纽带，明确各城市的功能地位，推动城市组团融合发展，形成长江中游城市群协调发展新格局。

（三）转变政府职能定位

江西省应该尽快转变政府职能，减少政府对市场的干预作用。长江中游城市群一体化应该由政府主导拉动向市场主导推动转变。政府引导是拉力，只是政策引导，规划引导，法制规范，主要作用是为了建立和维护市场竞争的环境和条件，保障竞争的公平、公正。政府应充分尊重市场规律，适当引导和激发中小企业发展活力，鼓励投融资多元化，建立有效的政府考核评价体系，深化财政体制改革，形成精简高效的服务型政府。

（四）调整产业结构和空间布局

江西省应该形成布局优势互补的区域产业链，加强区域内产业联系与合作。进一步推动产业合作，引导区域内技术、资本、人才等要素资源的合理流动。在产业布局上，完善长江中游城市群地区产业联动的发展机制，优化产业分工和转移；在产业投资上，构建公平开放的投资环境，形成便利透明投资促进机制和政策；在产业合作方式上，创新发展产业交流平台，充分发挥区域产业园区的联动互动作用，提高产业合作档次，拓宽产业合作领域，采用峰会、联席会、会讯、杂志期刊等方式，充分进行信息交流。

（五）加快基础设施一体化

以建设世界级城市群为目标，充分利用中央扩大内需的政策，共同推进长江中游城市群交通、能源、信息等重大基础设施建设，统筹规划，合理布局，加快形成长江中游城市群系统配套、相互融合的一体化基础设施。现代化的交通运输网络是区域空间结构的重要组成部分，它不仅构成现代区域空间结构的重要骨架，而且对空间结构的形成与拓展也起着非常重要的作用。因此江西省应该尽快建设现代综合交通运输网络。

依托长江黄金水道，建立一体化航道运输管理机制，避免多头管理，建立内河航运与公路运输、铁路运输、航空运输有效对接机制。在综合运输网带动方面，要构建综合立体网、综合港口以及综合物流三个网络。加快水陆空联运推进综合交通运输体系建设，包括航运中心枢纽建设和航空枢纽与配套建设，突出港口和机场的重要作用。促进区域交通一体化，推进城市间高速铁路网、城际铁路网、高速公路网和航空客运网的建设，形成环状快速铁路网，构建中心城市两小时经济圈。

（六）建立科技专家资源共享服务平台

首先，长江中游城市群必须加快整合科技专家资源，如采取共建院士专家工作站等方式，提高高层次专家，特别是两院院士对长江中游区域经济发展的咨询和支撑作用。并充分利用网络系统，健全区域内专家信息交换和发布机制，构筑畅通、快捷的科技专家信息资源共享平台，形成长江中游城市群互通的公共专家服务体系。其次，建立科技人才流动协作机制。为了鼓励、促进联合攻关，必须研究制定鼓励科技人员交流、柔性流动的有效机制，推动科技人才的共同培养与共同利用。一方面要在人才交流服务、高层次人才共享、紧缺人才培训、专业技术职务聘任、职业资格互认、引进国外智力资源等方面实现合作；另一方面要探索统一人事制度和就业制度的可行方案，建立共享的学生实习、毕业生创业基地，共同吸引更多的毕业生在本省就业。[1]

---

[1] 《借鉴泛珠三角科技合作经验　加快中四角区域技术创新体系建设》，"构建长江中游城市群科技创新战略联盟研究"专报之一，2014年第5期。

第八章　江西省融入长江中游城市群的路径与政策建议

赣鄂湘三省自古人文、经贸往来联系紧密，长江中游城市群具有一体化发展的基础。但由于近代，特别是改革开放以来的发展路径差异，江西省与湖北、湖南两省经济社会发展差距日益显著，这在一定程度上限制了长江中游城市群一体化。为此，在前述研究分析的基础上，基于长江中游城市群一体化发展的事实及江西省面临的机遇和挑战，本章在提出江西省融入长江中游城市群一体化发展的基本原则基础上，指出江西省融入城市群发展的基本路径，最后从规划对接、完善机制等方面为江西省融入长江中游城市群一体化发展提供政策建议参考。

一　江西省融入长江中游城市群的基本原则

（一）逐步提升原则

江西省融入长江中游城市群是一个循序渐进的过程，并非一蹴而就，在这一融入的过程中首要的是遵循逐步提升的原则。

在经济社会的综合发展上，鄱阳湖生态经济区要继续优化布局，推进昌九一体化进程，带动周边县域经济发展，不断提升鄱阳湖生态经济区的经济实力，从而使江西省逐步摆脱经济社会发展水平落后和不均衡的状态。

在区位空间的优化上，一方面应积极规划高铁路线，加快构建发达完善的铁路网络，加强交通运输设施投入，充分利用并合理配置省内运输资源，逐步实现江西省内交通运输一体化，改变江西省铁路运输发展的滞后现状。另一方面要基于省内潜力巨大的农业市场、旅游业和发展空间巨大的物流业，大力开拓开发电子商务市场，逐步改变江西省电子商务规模小、不活跃的现状。

在城市体系的发展上，要积极与武汉城市圈、长株潭城市群和皖江经济带相互融合，推动长江中游城市群规划的实施；加强南昌、武汉、长沙和合肥四个省会城市之间的沟通合作，同时主动创造与长江经济带下游地区的接触机会，发展良好的经济关联。在城市规模方面，江西省要逐步加强对中间规模城市的培育，补充中间城市力量，以改变南昌一城独大和缺乏中等规模城市连接支撑的现状。

在沿江开放开发内容上，加大九江港口的建设力度，明确港口功能以迅速对接上海、武汉和重庆航运中心；同时优化沿江工业企业布局，治理水质污染，保证在沿江开放开发的同时不以牺牲环境为代价。

（二）产业融入原则

长江中游城市群是长江经济带重要的战略支撑区域。对于承接东部地区产业转移具有重要作用。因此，产业的融合与转移是需要考虑的一个重要方面。东部地区面临着产业转型问题，传统产业劳动力成本越来越高，企业利润越来越少，需要加速转型和产业升级。长江经济带策应这种产业转移，把东部的制造业基地向中部、西部转移，让东部有更多的土地、资金、政策来做高端制造业、研发等更具竞争力的产业。

江西省要在充分发挥本省区位优势和资源优势的基础上，推动长江中游城市群的产业分工与合作。打破行政区划的限制,消除行政壁垒和地方保护主义,推动资金、人才、技术等要素的自由流动,引导人口和产业合理集聚转移。积极寻求与其他省份的沟通与合作,倡导建立高效的合作共赢机制。江西省要狠抓宏观规划和产业布局,调动地方的积极性和能动性,争取更好地融入长三角的产业转移,激发企业活力,使之有机会做大做强。

(三) 城市与沿江开发原则

以大城市为中心,主要是以南昌为中心拉动环鄱阳湖城市群的建设。具体来说,在城市建设、产业招商、区域空间等领域,均须在省级层面做好顶层设计,仅靠南昌一己之力很难打破南昌的旧思维,应站在全省的高度和需求上,大胆先行先试,加快推进昌九一体化,使周边城市资源向南昌聚集,迅速使南昌经济占全省经济比重增至三分之一以上。从而发挥城市群对经济的拉动作用,加强城市群内城市的合作机制,整合资源和人力。

要构建互联互通的区域基础设施网络,让江西省的交通网络和信息网络融入长江经济带。当前,要着力推进交通、信息、水利和能源等基础设施建设一体化,解决好沿江经济区基础设施的对接和融合,合力构建长江中游城市群互联互通的区域基础设施网络,尤其是一体化的区域综合交通网络。

二 江西省融入长江中游城市群一体化的路径

(一) 加快昌九一体双核多点支撑,增强赣江新区板块发挥"自我扩容"的辐射能力

九江市和南昌市是江西省最发达的两个城市,同时也是环鄱阳湖生

态经济区最核心的两个城市。南昌市是江西省的省会城市,同时还是全省的行政中心,而九江市是江西省重要的门户城市,因为临近长江,拥有152公里长江岸线的天然优势,同时九江市也是全省唯一拥有通江达海的国家一类口岸的对外开放城市,对于江西省的进出口商务与长江经济带城市之间直接的货运交通,甚至国际的货物运输起着重要的作用。由于这两个城市在江西省的重要地位,其发展程度、发展速度和发展计划与江西省的发展息息相关。

因此,应该采取自我扩容、主动融入的方式,将昌九一体"双核"建设作为突破口。充分依托长江黄金水道、京九和沪昆铁路大通道,强化九江沿江的"开放门户"作用和南昌主体核心的"四强"地位,促进昌九一体化发展,打造引领全省对接长江中游城市群的"双核"。

强化多点支撑作用。推动赣东北开放合作、赣西经济转型、赣南等原中央苏区振兴发展、抚州深化区域合作等区域板块竞相发展,全面拓展与沿江省市和周边地区的对接合作,加快促进全省整体融入长江经济带和长江中游城市群建设。

特别是我国第18个、中部地区第2个国家级新区——赣江新区获得国务院批复通过,将进一步增强昌九板块的自我扩容辐射能力。2016年6月14日,赣江新区通过国务院批复,成为我国第18个国家级新区。赣江新区包括南昌市青山湖区、新建区和共青城市、永修县的部分区域,规划面积465平方公里,2015年常住人口约65万人,地区生产总值570亿元,工业总产值1930亿元,地方财政收入93亿元,是中部地区发展基础较好、发展潜力较大的区域,具备加快新型工业化和新型城镇化融合发展的优越条件[①](见表8-1、表8-2)。

---

① 《国务院关于同意设立江西赣江新区的批复》国函〔2016〕96号,中华人民共和国中央人民政府网站,http://www.gov.cn/zhengce/content/2016-06/14/content_5081965.htm。

表8-1 昌九一体化形成过程

1992年	首次提出要建设"昌九工业走廊"
2012年6月	提出"昌九一体化",签订了《昌九战略合作协议》
2013年7月	省委十三届七次全会提出推进"昌九一体化"区域发展战略
2013年10月	两市24个政府部门商讨"昌九一体化"的具体执行方案,并且就规划、基础设施、产业发展、生产要素、生态建设和公共服务六大领域合作事项达成25项共识
2013年11月	共青先导区的建设方案获批
2016年6月	赣江新区获得国务院批复,成为我国第18个国家级新区

表8-2 昌九一体化实施以来到现在社会经济生活各部门的变化

交通	2013年9月30日,南昌市至九江永修县的139路公交开始通车,开江西省设区市间通公交的先河,从此以后南昌到永修的单程约1小时,乘坐公交来往两地只需要10元 2013年12月,《昌九大道建设规划方案》出台,里面规划了要把昌九大道建设成为双向六车道设计,时速80公里/小时的一级公路,昌九大道将新建怡园立交、会展立交和黄家湖立交
经贸	南昌已经编制完成《南昌临空经济区发展规划》(2014~2025年)和《南昌临空经济区三年行动计划(2014~2016年)》,南昌与九江将营造"南昌大昌北+九江共青城先导区+'飞地经济'"的发展局面,形成人口破百万、生产总值破千亿元的经济区
税务	2013年9月,省税务局出台的《江西省地方税务局关于支持和服务加快推进昌九一体化发展的若干意见》推出了42条新规定,2013年10月,省国税局出台的《关于推进昌九一体化发展的若干税收意见》推出了50条新规定
服务业	2014年4月1日起取消南昌和九江之间通话的漫游和长途费用,将其调整为本地通话的标准执行,实现移动电话通信同城化的目标,2014年7月1日实现固定电话通信同城化目标
金融服务业	2014年6月30日达到全省股份制商业银行率先实现银行卡、存折业务同城化。到2014年年底,国有大型商业银行争取行内银行卡、存折业务同城化
旅游业	两市建设统一的旅游市场,对接联合昌九的旅游产业,共享旅游信息实现共赢,将来更是发行"昌九旅游一卡通"覆盖到两市所有景点
就医保障	2013年5月1日起,南昌和九江实现基本医疗保险省内异地就医双向互通即时结算
教育	2013年12月24日,省教育厅印发了《江西省教育厅关于支持共青城市教育发展的意见》,支持江西省内的各所高校的独立学院整合办学资源。周边已有数所高校已初步确定将入驻共青城大学城

赣江新区是国家城镇化战略格局长江横轴和长江中游城市群京九发展轴的交汇处，向东向南联接长江三角洲、珠江三角洲和海峡西岸经济区，向西向北与武汉城市圈、环长株潭城市群和皖江城市带联动，在全国区域发展格局中具有承东启西、沟通南北的重要战略地位。① 就江西省内部而言，做强赣江新区，发挥赣江新区在赣南与赣北的衔接作用，强化多点支撑。

（二）统筹城乡发展，提升经济社会发展的"自我协调"能力

第一，优化城镇空间布局。加快构建"一群两带三区四组团"的城镇总体布局，做大做强中心城市，推动中小城市特色发展，加快城际基础设施互联互通，形成核心带动、多点支撑、良性互动的城镇化发展格局。携手鄂湘共建长江中游城市群，统筹推进行政区划调整。

第二，提升城镇发展质量。坚持规划先行，提高规划的科学性、协调性和权威性。推动园区与城区互动发展，打造一批产城融合示范区。提高基础设施和公共服务水平，加快地下综合管廊、海绵城市等建设，加大棚户区和城乡危房改造力度。实行网格化、智能化、精细化城市管理，着力发展大数据民生，打造创新城市、绿色城市、人文城市、智慧城市，实现"干干净净、漂漂亮亮、井然有序、和谐宜居"。

第三，推动县域经济发展升级。引导和鼓励县域依托特色资源和产业基础，培育壮大特色产业集群。突出发挥县城的示范引领作用，大力推进省直管县和扩权强县、扩权强镇改革，为县域经济发展"松绑给力"。拓展农民增收渠道，完善农民收入增长支持政策体系。

第四，建设和谐秀美新农村。以中心镇和中心村建设为重要抓手，推动镇村联动、城乡一体。健全农村基础设施投入长效机制，把社会事

---

① 赣江新区新闻网，http://nc.jxnews.com.cn/gjxqxww/gjdt/。

业发展重点转向农村和接纳农业转移人口较多的城镇。加强农村规划和管理，开展农村环境连片整治，加快建设管理有序、服务完善、文明祥和、乡风浓郁的新型农村社区，保护好传统村落，彰显赣鄱特色乡村风貌。

（三）开发建设赣鄱经济带，做大经济块头提升"自我持续"的发展能力

推动赣鄱流域整体及长江经济带和"一带一路"建设，有利于优化"十三五"时期整个江西省产业结构和城镇化布局，推动江西省融入长江中游城市群的发展升级；有利于形成赣江流域与长江流域特别是长江中游城市群优势互补、协作互动格局，缩小地区发展差距；有利于保护赣江和长江的生态环境，引领全国生态文明先行示范区建设。

1. 应将赣鄱流域纳入长江经济带和"一带一路"的国家战略

首先，应将赣鄱流域纳入长江经济带发展战略。赣鄱流域是承担长江中下游经济社会持续发展的"生态名门"。赣鄱流域是长江下游干流的重要水源补给区，流域通过湖口与长江相连，约占长江干流大通径流量的16.55%。赣鄱流域是长江流域中生态健康程度最好的区域之一，具有走经济、社会、生态协调发展之路的优势，是长江中下游经济社会发展的"生态名门"，对维持长江流域生态平衡和维持全球生物多样性具有十分重要的意义。

赣鄱流域是贯通江西省全境和承接长江经济带建设的"双扁担"。在江西省内，赣鄱流域是连接鄱阳湖生态经济区、昌九一体化和赣南原中央苏区的重要轴线、连接赣东和赣西的重要纽带，具有"融合两圈、连接一带、贯通南北、承东启西"的功能，在江西省经济社会发展格局中具有重要的战略地位和突出的带动作用。在长江经济带内，赣鄱流域正处于连接长江中下游的"黄金水道"线上，位于它的"咽喉"部位，具有链接功能。

赣鄱流域是实现江西省绿色崛起和维护长江经济带绿色屏障的回旋空间。三十多年来在赣鄱流域实行的"山江湖"工程成为长江经济带建设中的亮点工程,为维系鄱阳湖一湖清水和提供长江中下游优质水源起到了良好的示范作用。赣鄱流域通过融入长江经济带建设,借力以长江黄金水道为动脉的互联互通交通运输要道,建设生态文明社会,是江西省实现绿色崛起和发展升级以及长江经济带可持续发展的有力支撑和回旋空间。

其次,应将赣鄱流域纳入"一带一路"发展战略。赣鄱流域是长江经济带连接"一带一路"发展战略的地理交汇带。江西省处在长江经济带和"一带一路"的交汇带,其重要地位毋庸置疑。虽然"一带一路"建设涉及的流域有很多,但是同时与"一带一路"存在重要联系并且又在长江经济带中占有重要位置的流域却是屈指可数,这使得赣鄱流域既可以直接参与国际经济大循环,又可以据守广阔的内陆腹地,成为融于长江经济带、连接"一带一路"发展战略的地理交汇带。

赣鄱流域是推进"一带一路"发展战略的南方丝绸之路的输出地。由于南方丝绸之路是"一带一路"的重要组成部分,使得江西省在"一带一路"建设中占有重要地位。赣鄱流域作为古老的海上丝绸之路和古代陆上丝绸之路的重要商品输出地和集散地,作为南方丝绸之路的重要腹地,在21世纪海上丝绸之路经济合作中仍大有作为。

赣鄱流域是江西省实施内陆开放型经济,参与"一带一路"发展战略的最佳切入区。当前,江西省已亮出对接"一带一路"路线图:包括推动赣州机场升级为国际机场,"赣新欧"货运班列起点延伸至厦门,鼓励企业到境外建设10个产业园区,设立省级"一带一路"发展基金,推出一批具有江西省气象、赣鄱韵味的旅游商品等,这些都与江西省参与"一带一路"建设,实施内陆开放型经济直接相关。赣鄱流域由于其天然优越的地理位置,完美契合了江西省全面提升开放水平的新时代要求。

2. 统筹规划支持高标准建设赣鄱经济带

首先,统筹兼顾将赣鄱流域纳入长江黄金水道建设体系。

第一,进一步改善赣鄱流域通航条件。需要进一步改善赣江的航运条件,开展高等级航道整治工程,提高航道技术等级,改善通航条件,重点建设赣江永泰航电枢纽等项目,建立联系紧密、运行高效、环境优良的生态水运体系,从而充分发挥赣鄱流域内河水运在全省乃至在长江流域社会经济发展中的作用。

第二,完善九江和南昌等的联运港口建设。建设九江、南昌港口枢纽及鹰潭等重要港口,完善重要港口疏港通道和其他配套设施,形成集装箱、大宗散货、汽车滚装及江海中转运输系统。同时,应强化港口集疏运服务功能,提升货物中转能力和效率,并推进港口与沿江开发区、物流园区的通道建设,拓展港口运输服务的辐射范围。此外,还应加快九江港和南昌港这两个国家级港口的一体化进程。

第三,强化赣鄱流域水利安全保障。抓紧建设一批流域防洪控制性水利枢纽工程,不断提高调蓄洪水能力,加强防洪抗旱非工程措施建设,建立洪水风险管理体系。同时,加强城乡水资源统一管理,对城乡供水、水资源综合利用、水环境治理和防洪排涝等实行统筹规划、协调实施,促进水资源优化配置。

第四,加快船舶、汽车等传统交通运输产业升级。充分发挥我省船舶工业现有中小船舶制造的基础优势,做精做强2万吨以下船舶产品,重点发展多用途散货船、1000标箱集装船、化学品船、成品油船、中高档游艇、赛艇等技术含量与附加值高的船舶产品。同时,进一步做大做强节能高效发动机、传动系统、悬挂系统等汽车零部件产业,并支持江铃轻型载货车、皮卡、陆风SUV车升级换代,加快昌河节能小排量系列车型开发生产。

其次,动态协调推进赣鄱流域特色产业集群和"块状经济"建设。

第一,打造具有区域特色的产业集群。赣鄱流域应以产业链条为纽带，以产业园区为载体，培育一批专业特色鲜明、品牌形象突出、服务平台完备的产业集群，比如南昌LED产业城、赣州钨和稀土产业基地、宜春锂电新能源产业基地、吉安风能核能及节能技术产业基地、上饶光学精密仪器生产基地、萍乡工业陶瓷产业基地、景德镇陶瓷科技城、新余国家新能源科技城等。

第二，发展特色"块状经济"。推进沪昆、京九、向莆、厦蓉等主要交通走廊沿线及两侧县（市）域中心城市与乡镇的提升与发展，做强县域经济。同时，大力扶持农林业大县的县（市）域中心城市、促进旅游型、交通节点型县（市）域中心城市，促进深山地区、重大水源涵养区县城县（市）域中心城市的绿色发展，做大做强"板块经济"。

再次，立足长远，加大对赣鄱流域综合开发的支持力度。

第一，继续实施山江湖工程，强化赣鄱流域生态保护与恢复。统筹赣鄱流域的生态建设和环境保护，开展生态补偿试点，实施长江暨鄱阳湖流域源头水资源保护工程，控制水库水体养殖污染，切实保护"一湖清水"。开展乡村河堤治理、丘陵山区地质灾害隐患点治理、以流域为单元的生态综合治理，实施生态移民搬迁工程、地质灾害避灾搬迁工程和矿山地质环境治理恢复工程。同时，还须搞好森林资源管护，加强森林防火和有害生物防治。此外，还应强化自然保护区监管，加大生物物种资源保护和管理力度，加强生物安全管理。

第二，加快推进循环经济，实施生态文明示范工程建设。加强政策引导和协调管理，构建赣鄱流域的可覆盖全社会的资源循环利用体系。积极创建赣鄱流域的生态工业园区和循环经济工业园区，优化企业结构和布局，鼓励企业间以及工业园区内外通过资源共享、废弃物利用等途径发展循环经济，实现废物交换利用、能量梯级利用、废水循环利用和污染物集中处理。同时，加快完善再制造旧件逆向物流回收体系，推进赣鄱流域的再制造产业发展。

第三，大力发展高效生态农业，推进农业现代化步伐。依托赣鄱流域山水资源条件和生态环境优势,大力推广"牲畜—沼塘—果(粮、鱼、油、菜)"生态农业发展模式,重点开发特种水产、有机绿茶、特色果业、无公害蔬菜、优质生猪和水禽等一批各具地方特色的绿色有机农产品,实现农产品品牌战略。同时,完善农业服务体系,推进农产品产地批发市场、物流配送分发中心、大中城市销地市场建设,加快形成流通成本低、运行效率高的农产品营销网络,促进农业现代化。

(四)做强产业集群和"互联网+"新业态,发展升级提升"自我增殖"的内生动力

加快推进九江沿江开发区建设。要重点打造临江主要产业集中区,包括城西临港产业区、码头临港产业区等。推动沿江昌九联动发展,加快昌九工业走廊发展,打造南昌—九江"工"字型产业带。强化沿江昌九产业上下游协作配套,形成各具特色、产业聚集的工业园区,昂起鄱阳湖生态经济区产业经济发展的"龙头"。

第一,建设沿江临港产业集聚带。依托九江沿江岸线和水资源优势,编制沿江产业发展规划,引导大体量、大运量、大进大出临港产业发展,建设先进制造业集聚区,力争到2020年建成万亿临港产业带。以九江城西、城东、澎湖、赤码四大沿江板块为载体,促进产业布局调整和集聚配套,大力发展钢铁冶金、石油化工、电力能源、船舶制造等临港产业。加快钢铁行业兼并重组步伐,促进产品结构调整、技术装备升级和特色优势产品开发,提高资源聚集度和循环利用率,打造长江沿岸重要的优质钢材基地。以九江石化为龙头,促进炼化一体化,建设高标准沿江石化产业园,延伸石化、有机硅、盐化工、氟化工产业链,打造千亿级石化产业集群。推进神华煤电一体化、鄱阳湖风电、九江储煤基地、彭泽核电等重点能源项目建设,建设全省重要的电力能源基地和能源中转储运中心。鼓励引导企业兼并重组,加大新产品开发和品牌创建力度,促进建材、纺织、食品等传统产业向中高端方向发展。

第二，培育昌九走廊特色产业基地。加快南昌航空工业城、景德镇直升机产业集聚发展，建设全国重要航空产业基地；推进北汽昌河景德镇新基地建设，建成全国重要的汽车及零部件生产基地；建设南昌新材料产业研发中心和九江新材料生产集聚区，建设全国重要的新材料产业基地。

第三，打造战略性新兴产业和现代服务业产业集群。大力发展生物医药、电子信息、新能源、锂电及电动汽车等新兴产业集群；加速形成昌九、赣中南、赣西、赣东北、赣东南五大物流产业集聚带；建设环鄱阳湖、赣东北、赣西等生态旅游圈。

第四，推进信息化与产业深度融合。实施"互联网＋"行动计划，推动移动互联网、云计算、大数据、物联网等为依托的新业态。发展物联网技术和应用，发展分享经济，重点推进"互联网＋"智能制造、现代农业、智慧旅游、文化创意、普惠金融、惠民服务、高效物流、电子商务、便捷交通和绿色环保等重大工程，支持基于互联网的各类创新，催生一批新的经济增长点。

构建高速、移动、安全、泛在的新一代信息基础设施。超前布局下一代互联网，系统推进"宽带中国"江西省工程，全面促进"三网融合"，强化网络与信息安全基础设施建设。开展网络提速降费行动，完善电信普遍服务机制。

做大做强新一代信息技术产业。着力发展集成电路、新型显示、高端服务器等信息产业，加快云计算、物联网、大数据产业发展，推进数据资源开放共享，创建国家级大数据产业发展基地。

（五）打通南北大通道，提质增效促进"区域融入"的硬件能力

以南北铁路和东西长江为主轴，以交通综合城市为枢纽，发挥承东启西、接南纳北、得中独优、得水独厚的交通区位优势，建设各省市综合交通核心和有效交通辐射范围，彰显大交通功能作用，突出支点和枢纽效应。促进区域交通一体化，推进城市间高速铁路网、城际铁路网、高速公路网和航空客运网的建设，形成环状快速铁路网，构建中心城市2小时经济圈。提高长江中游海轮通航标准，推进航道整治。加大长江中游城市群综合运输跨界大通道、航空港群、内河航运港口群、客货集散枢纽和交通信息化、智能化等方面的建设力度，将长江中游城市群综合交通运输体系建设纳入国家试点示范。

强化南昌市交通核心地位和提高辐射能力范围。南昌作为全省的联结中心，重点建设客运专线、城际铁路和重要站场，加快干线铁路电气化改造和支专线建设；打造位居于长三角、珠三角、海峡西岸、武汉都市圈、长株潭城市群、皖江经济带之中的快速通道枢纽，逐步完善全省铁路网；将南昌作为省内经济发展的增长极和辐射极，在发展的过程中基于便利的物流交通优势，全面激活"弓"上的每一个城市发展活力。具体有如下几点。

第一，加快建设昌九一体化快速通道。加快九江港和南昌港一体化进程，构建便捷、大能力的港运通道，作为江西省经济发展的"利箭"，强化九江和其他地区市的交通联系，加强自身港口建设，编制具体港口建设规划，寻求破解港口发展和项目建设难题的方法；设计新修建九江到萍乡、宜春、新余、抚州、鹰潭、上饶、景德镇的省级高速公路，加强交通通道建设，强化城市之间联系，将九江与其他城市通过构建省内公路交通网的大通道建设联结起来，使得"箭在弦上"，张弛有度，发射有力。

第二，打通南北水运通道。打通鄱阳湖主要支流连通长江的出海通道，包括南昌至湖口二级航道、赣江赣州至南昌和信江贵溪至都昌三级航道，振兴千年赣鄱黄金水道；推进以九江港、南昌港两个国家级内河港口为主体，赣江、信江及鄱阳湖区域性港口为补充的港口群建设。

第三，积极申请列入国家"十三五"交通专项规划，打通北上南下高铁的国家主干网。加快建设昌吉赣客专、九景衢铁路,开工建设合安九客专、赣深客专,积极推进昌景黄、渝长厦铁路前期工作,构建以京九、沪昆大"十"字型高铁为支撑,覆盖所有设区城市的"四纵四横"快速铁路网。

(六) 坚持绿色发展,转型升级打造绿色崛起的"江西省样板"

绿色生态是江西省最大的财富、最大的优势、最大的品牌。要以建设国家生态文明先行示范区为抓手,大力发展绿色产业,实施绿色工程,培育绿色文化,打造绿色品牌,健全绿色制度,加快绿色崛起步伐。

加快推进生产生活方式绿色化、循环化、低碳化,着力构建科技含量高、资源消耗低、环境污染少的绿色产业体系,形成生态与经济社会和谐共生的发展格局。一是,加快发展绿色产业。采用先进适用节能低碳环保技术改造提升传统产业,构建环境友好的绿色工业体系。大力发展无公害农产品、绿色食品和地理标志农产品,构建生态有机的绿色农业体系。推动服务主体绿色化、服务过程清洁化,构建集约高效的绿色服务业体系。二是,发展低碳循环经济。实施循环发展引领计划,推行企业循环式生产、产业循环式组合,推进一批循环低碳试点示范工程,形成覆盖全社会的资源循环利用体系。加强电力、钢铁、建材、化工等重点行业碳排放管控,推进交通运输低碳发展。实行能源和水资源消耗、建设用地等总量和强度双控行动,全面推进资源节约和高效利用。三是,推行绿色生活方式。开展多种形式的生态文明创建活动,积极引导居民绿色消费、绿色出行、绿色家居,推进政府绿色采购,力戒奢侈浪费,推动生活方式向勤俭节约、绿色低碳、文明健康转变。

生态文明先行示范区基本建成。生态环境质量全面提升,能源资源利用效率大幅提高,能源和水资源消耗、建设用地、碳排放总量得到有效控制,主要污染物排放总量进一步减少,绿色生产生活方式广泛推行,生态文明制度体系基本形成,打造生态文明建设"江西省样板"。

三 江西省融入长江中游城市群一体化的政策建议

(一) 积极推进战略规划对接

以《长江中游城市群发展规划》为依据,加快制定区域生态建设和环境保护、航运、产业发展等相关专项规划,在与已有的国家及省内区域规划对接的同时,积极强化赣鄂湘三省之间总体规划及相关措施对接,把握契机、互相促进,积极推进长江中游城市群一体化建设。全面参与长江经济带发展。充分发挥江西省承东启西的区位优势,全面推进与沿江省份对接合作,创新开放合作模式,把江西省建设成为长江经济带的重要战略支撑。

(二) 推进区域协调体制机制

设置具有权威性、有协调功能、跨流域的机构——如江西省长江中游城市群协同推进办公室,协调处理江西省与长江中游城市群,乃至长江经济带以及"一带一路"发展战略中的矛盾和问题,统筹协调重大发展事项,协调产业布局、交通运输、生态建设、分水配水等重大工程,充分发挥中介与协同作用,促进江西省与湖北、湖南两省的协调与融合发展。

(三) 创新区域经济合作机制

建立与赣鄂湘沿江省市政府间沟通协商制度,共同推进区域市场一体化。建立公平开放透明的市场规则,大力推进要素市场建设,加快形成统一开放、竞争有序的现代市场体系。实行统一的市场准入制度,加快完善市场监管体系。

完善支持实体经济的金融市场体系。推动构建多层次、覆盖广、有差异的区域金融机构体系。提高金融机构管理水平和服务质量，降低企业融资成本。规范发展互联网金融等新型金融市场。防范区域性金融风险。

进一步完善各类要素市场。健全统筹城乡、区域一体化的人力资源市场体系，促进人力资源合理流动和有效配置。加快发展技术市场，大力发展技术认定、咨询、估价等中介服务，健全知识产权运用体系和技术转移机制。完善土地市场，建立健全城乡统一的建设用地流转机制和交易平台。

（四）建立健全人才储备机制

实施人才优先战略，推进人才发展体制改革和政策创新，在全社会大兴识才爱才敬才用才之风，形成行行出状元、人人可成才的生动局面。

引进和培育高端科技领军人才。大力实施科技入赣工程，建立健全人才引进柔性机制，推进院士、"海智"工作站建设。深入实施赣鄱英才555工程、主要学科带头人、杰出青年带头人等工程，打造一支高水平的科技领军人才队伍。

建立企业高级经营管理人才储备制度和市场化选聘机制，加快建设职业化、现代化的高素质企业经营管理人才队伍。实施"技兴赣鄱"行动，推行工学结合、校企合作，培养一批高水平、专业化的工程师和高素质的产业工人队伍。

（五）健全区域生态保护制度

落实和完善主体功能区制度。全面落实空间管制措施，在重点生态功能区实行产业准入负面清单。以主体功能区规划为基础统筹各类空间性规划，推进"多规合一"。

完善体现生态文明要求的考评体系。进一步完善市县科学发展综合考评指标体系，增加绿色发展指标，提高绿色考评权重。建立健全领导干部任期生态文明建设责任制度、自然资源资产离任审计制度和生态环境损害责任终身追究制。

健全河湖管理与保护制度。建立整流域环境综合治理制度，健全涉河、涉湖规划制度，制定完善的相关技术标准。全面实行党政"一把手"负责的"河长制"，对河湖生命健康负总责。

实施严格的资源管理制度。建立健全自然资源资产产权制度。实行最严格的水资源管理制度，建设节水型社会。落实最严格的节约用地制度，严格控制农村集体建设用地规模。探索实行耕地轮作休耕制度试点。建立健全用能权、用水权、排污权、碳排放权初始分配制度。

（六）完善区域生态补偿机制

按照谁开发谁保护、谁受益谁补偿的原则，在森林、湿地、流域水资源和矿产资源等领域，探索多样化的生态补偿方式。推动下游地区与上游地区、开发地区与保护地区、生态受益地区与生态保护地区建立横向生态补偿机制，建立健全饮用水水源地、自然保护区、重点生态功能区、矿产资源开发和流域水环境保护等生态补偿制度。

设立赣鄱流域生态风险基金，制定风险应急预案，建立风险应急机制。建立和完善赣江、鄱阳湖污染联防联治机制，打造区域水环境综合治理、危险化学品与危险废物管理、土壤污染等生态环境监测网络和联防联控联治平台。

（七）创新开放监管机制

第一，争取推广上海自贸区改革试点经验，走在全国前列。联合申报跨江自由贸易区。依托江西省九江沿江开发区和湖北沿江开发区，联合申报跨江自由贸易区，进一步将两省沿江地区衍生为自由港或自由贸易区，并且与其他内河港口形成互动，作为长江中游城市群外向发展的结点。联合自由贸易区的建设要营造开放氛围、强化对外发展、引导经贸交流、建立协调机制、形成强集聚格局、保育好生态环境。沿江自由贸易区之间加强合作协同，形成跨江内河自由贸易区，促进沿线发展，实现共同开发。给予内河贸易港政策支持，批准设立保税港区，进一步推动内河城市及沿岸地区对外开放。

第二，加快推进区域合作实验区建设。支持九江加强与湖北、安徽沿江市县合作，建设赣鄂皖长江两岸合作发展试验区；依托长株潭和赣西产业基础和交通优势，建设赣湘开放合作试验区。

第三，设立专项发展基金。设立长江中游城市群发展基金，以提升基础设施互联、产业发展协调、生态文明共建以及公共服务共享水平，保障区域一体化建设的协调推进。

第四，强化第三方监督作用。引入第三方评估机构对江西省融入长江中游城市群一体化建设情况进行实时跟进，并对监督和评估结果进行反馈。

参考文献

[1] 安虎森、李瑞林：《区域经济一体化效应和实现途径》，《湖南社会科学》2007年第5期。

[2] 白永亮、党彦龙：《长江中游城市群空间作用机理与空间结构研究》，《宏观经济研究》2014年第11期。

[3] 白永亮、党彦龙、杨树旺：《长江中游城市群生态文明建设合作研究——基于鄂湘赣皖四省经济增长与环境污染差异的比较分析》，《甘肃社会科学》2014年第1期。

[4] 白永平、周亮、王世金：《低碳经济背景下的关中—天水经济区城市群定位及发展路径选择》，《干旱区资源与环境》2011年第3期。

[5] 毕秀晶：《长三角城市群空间演化研究》，博士学位论文，华东师范大学，2013。

[6] 〔瑞典〕伯尔蒂尔·奥林：《地区间贸易和国际贸易》，王继祖等译，商务印书馆，1986。

[7] 曹明园、尤宏兵：《长三角区域合作机制创新研究》，《国际经济合作》2006年第1期。

[8] 曹青云、杨金华、杨幸丽：《新形势下江西省承接产业转移问题研究》，《江西省人民政府公报》2010年第18期。

[9] 陈才：《区域经济地理学》，科学出版社，2009。

[10] 陈辉煌：《长三角区域经济一体化水平的测度研究》，《中国浦东干部学院学报》2011年第4期。

[11] 陈鹏：《珠江三角洲地区物流产业与城市群竞争力关系研究》，博士学位论文，长安大学，2013。

[12] 陈群元、喻定权：《我国城市群发展的阶段划分、特征与开发模式》，《现代城市研究》2009年第2期。

[13] 陈玉光：《城市群形成的条件、特点和动力机制》，《城市问题》2009年第1期。

[14] 陈玉光：《从城市群形成的条件看我国城市群发展》，《江淮论坛》2009年第5期。

[15] 〔英〕大卫·李嘉图：《政治经济学及赋税原理》，郭大力、王亚南译，商务印书馆，1976。

[16] 党兴华、郭子彦、赵璟：《基于区域外部性的城市群协调发展》，《经济地理》2007年第3期。

[17] 丁建军：《城市群经济、多城市群与区域协调发展》，《经济地理》2010年第12期。

[18] 丁四保、王荣成、李秀敏等：《区域经济学》，高等教育出版社，2003。

[19] 方创琳：《中国城市群研究取得的重要进展与未来发展方向》，《地理学报》2014年第8期。

[20] 方辉：《长江中游地区三大城市群空间结构优化研究》，硕士学位论文，华中师范大学，2012。

[21] 冯茜华：《城市群一体化发展指标体系研究》，《规划师》2004年第9期。

[22] 〔法〕弗朗索瓦·佩鲁：《新发展观》，张宁等译，华夏出版社，1987。

[23] 傅永超：《城市群府际管理模式研究》，硕士学位论文，华中科技大学，2007。

[24] 顾朝林：《"十二五"期间需要注重巨型城市群发展问题》，《城市规划》2011年第1期。

[25] 关莉：《资源环境制约下湖北省新型城镇化路径选择》，硕士学位

论文，武汉轻工大学，2014。

[26] 郭锐、樊杰：《城市群规划多规协同状态分析与路径研究》，《城市规划学刊》2015第2期。

[27] 何胜、唐承丽、周国华：《长江中游城市群空间相互作用研究》，《经济地理》2014年第4期。

[28] 何添锦：《影响城市群经济协调发展要素及作用机理分析》，《当代经济》2010年第5期。

[29] 胡超：《中泰农产品市场一体化水平的测度——基于价格法的检验》，《国际经贸探索》2013年第10期。

[30] 胡慧旋：《长株潭城市群一体化研究——以"两型社会"为背景》，硕士学位论文，南开大学，2012。

[31] 胡平香、张春花：《长株潭经济一体化的制约因素及其对策》，《国土与自然资源研究》2004年第2期。

[32] 江红：《市场化差异度与城市群发展研究——以长江中游城市群为例》，硕士学位论文，华东师范大学，2014。

[33] 解艳波、陆建康：《长三角地区一体化发展思路研究》，《江苏社会科学》2010年第4期。

[34] 李国敏、匡耀求、黄宁生等：《基于耦合协调度的城镇化质量评价：以珠三角城市群为例》，《现代城市研究》2015年第6期。

[35] 李江苏、王晓蕊、苗长虹、刘佳骏：《城镇化水平与城镇化质量协调度分析——以河南省为例》，《经济地理》2014年第10期。

[36] 李孟刚：《产业经济学》，高等教育出版社，2012。

[37] 李平、陈娜：《区域经济一体化的新制度经济学解释》，《哈尔滨工业大学学报》（社会科版）2005第2期。

[38] 李瑞林、骆华松：《区域经济一体化：内涵、效应与实现途径》，《经济问题探索》2007第1期。

[39] 李雪松、孙博文：《密度、距离、分割与区域市场一体化——来自

长江经济带的实证》,《宏观经济研究》2015 年第 6 期。

[40] 李玉涛:《京津冀地区基础设施一体化建设研究》,《经济研究参考》2015 年第 2 期。

[41] 连季婷:《协同发展背景下的京津冀城市群形成、竞争与合作》,《统计与管理》2015 年第 11 期。

[42] 连季婷、崔文静、王雅莉:《京津冀协同发展下河北省面临的重大问题及对策探析》,《当代经济管理》2015 年第 9 期。

[43] 梁爽、王磊:《全球化背景下长江中游城市群发展现状、问题与对策研究》,《商业时代》2014 年第 10 期。

[44] 刘杰:《山东省西部产业结构趋同研究》,《经济地理》2013 年第 9 期。

[45] 刘靖:《长江三角洲城市群一体化的机制和实现路径研究》,硕士学位论文,上海社会科学院,2013。

[46] 刘静玉、王发曾:《城市群形成发展的动力机制研究》,《开发研究》2004 年第 6 期。

[47] 刘耀彬:《中部崛起背景下的江西省城市群培育及其调控路径研究》,经济科学出版社,2008。

[48] 柳青:《长江中游城市群协同发展研究》,《长江论坛》2014 第 2 期。

[49] 柳卸林、高太山:《中国区域创新能力报告:2012》,科学出版社,2013。

[50] 卢丽文、张毅、李小帆等:《长江中游城市群发展质量评价研究》,《长江流域资源与环境》2014 年第 10 期。

[51] 卢星星:《江西省低碳产业发展研究》,硕士学位论文,江西师范大学,2011。

[52] 鲁金萍、杨振武、孙久文:《京津冀城市群经济联系测度研究》,《城市发展研究》2015 年第 1 期。

[53] 陆大道:《区域发展及其空间结构》,科学出版社,1998。

[54] 陆瑶：《城市群的发展与政府协调机制——以长三角和小珠三角城市群为例》，《西南交通大学学报》（社会科学版）2006第6期。

[55] 吕斌、陈睿：《我国城市群空间规划方法的转变与空间管制策略》，《现代城市研究》2006年第8期。

[56] 吕典玮、张琦：《京津地区区域一体化程度分析》，《中国人口·资源与环境》2010年第3期。

[57] 罗湖平、龙兴海、朱有志：《基于复合行政理论的"3＋5"城市群合作模式研究》，《经济地理》2011年第6期。

[58] 罗上华、马蔚纯、王祥荣等：《城市环境保护规划与生态建设指标体系实证》，《生态学报》2003年第1期。

[59] 孟德友、陆玉麒：《中部省区制造业区域专业化分工与竞合关系演进》，《地理科学》2012年第8期。

[60] 庞晶、叶裕民：《城市群形成与发展机制研究》，《生态经济》2008年第2期。

[61] 齐元静、杨宇、金凤君：《中国经济发展阶段及其时空格局演变特征》，《地理学报》2013年第4期。

[62] 秦立春、傅晓华：《基于生态位理论的长株潭城市群竞合协调发展研究》，《经济地理》2013年第11期。

[63] 单春红、刘晓丽：《区域经济合作中地方政府政策选择的博弈分析——以山东半岛城市群为例》，《山东经济》2010年第1期。

[64] 沈玉芳：《长江三角洲发展新思路》，《经济世界》2003年第1期。

[65] 沈则瑾：《长三角区域市场一体化合作机制启动》，《经济日报》2014年12月12日第1版。

[66] 宋迎昌、倪艳亭：《我国城市群一体化发展测度研究》，《杭州师范大学学报》（社会科学版）2015年第5期。

[67] 孙久文、叶裕民：《区域经济学教程》，中国人民大学出版社，2010。

[68] 覃成林、梁夏瑜：《广东产业转移与区域协调发展——实践经验与

思考》,《国际经贸探索》2010年第7期。

[69] 田嵩、赵树明、刘颖:《我国城市群生态空间管制的"四分模式"》,《城市发展研究》2012年第3期。

[70] 万英发:《长三角道路运输一体化推进策略研究》,硕士学位论文,上海交通大学,2010。

[71] 王朝华:《对环渤海地区开展区域合作的思考》,《中国发展》2008年第3期。

[72] 王成新、李新华、王格芳等:《城市群竞争力评价实证研究——以山东半岛城市群为例》,《地域研究与开发》2012年第5期。

[73] 王发曾:《新型城镇化引领三化协调科学发展》,人民出版社,2012。

[74] 王富喜、毛爱华、李赫龙、贾明璐:《基于熵值法的山东省城镇化质量测度及空间差异分析》,《地理科学》2013年第11期。

[75] 王娟:《中国城市群演进研究》,博士学位论文,西南财经大学,2012。

[76] 王珏、陈雯:《全球化视角的区域主义与区域一体化理论阐释》,《地理科学进展》2013年第7期。

[77] 王丽、邓羽、牛文元:《城市群的界定与识别研究》,《地理学报》2013年第8期。

[78] 王亮、刘卫东:《西方经济地理学对国家边界及其效应的研究进展》,《地理科学进展》2010年第5期。

[79] 魏后凯:《现代区域经济学》,经济管理出版社,2011。

[80] 吴媚、顾赛赛:《变异系数的统计推断及其应用》,《铜仁学院学报》2010年第12期。

[81] 吴贤彬、陈进:《北京市服务业结构和竞争力的动态偏离—份额分析》,《国际贸易问题》2012年第4期。

[82] 徐宝华、石瑞元:《拉美地区一体化进程—拉美国家进行一体化的理论和实践》,社会科学文献出版社,1996。

[83] 徐康宁、赵波、王绮:《长三角城市群:形成、竞争与合作》,《南

京社会科学》2005 年第 5 期。

[84] 杨锦琦：《江西省生态文明建设现状及对策研究》,《经贸实践》, 2015 年第 6 期。

[85] 俞勇军、陆玉麒：《江西省经济区位特征及其区域发展空间结构研究》,《经济地理》2003 年第 7 期。

[86] 臧锐、杨青山、杨晓楠等：《增强城市群综合承载能力的政府合作机制研究》,《经济地理》2010 年第 8 期。

[87] 曾刚：《长江经济带协同发展的基础与谋略》, 经济科学出版社, 2014。

[88] 曾鹏、罗艳、于渤：《我国十大城市群经济一体化程度非均衡差异研究》,《科技进步与对策》2012 年第 24 期。

[89] 张娜：《十大城市群城市规模分布及其影响因素研究》, 硕士学位论文, 重庆工商大学, 2015。

[90] 张鹏、杨青山、马延吉：《长吉一体化区域产业空间结构的重组动力和优化》,《经济地理》2013 年第 4 期。

[91] 张旭亮：《行政区经济垂直差异及协调发展研究——以浙江中部为例》,《中国城市研究》2009 年第 1 期。

[92] 张雅杰、金海、谷兴等：《基于 ESDA – GWR 多变量影响的经济空间格局演化——以长江中游城市群为例》,《经济地理》2015 年第 3 期。

[93] 张燕：《城市群的形成机理研究》,《城市与环境研究》2014 年第 1 期。

[94] 赵儒煜、尹小平：《国际经济理论问题探索》, 吉林大学出版社, 1995。

[95] 赵曦、司林杰：《城市群内部"积极竞争"与"消极合作"行为分析——基于晋升博弈模型的实证研究》,《经济评论》2013 年第 5 期。

[96] 赵勇：《国外城市群形成机制研究述评》,《城市问题》2009 年第 8 期。

[97] 赵勇、白永秀：《区域一体化视角的城市群内涵及其形成机理》，《重庆社会科学》2008年第9期。

[98] 赵勇、白永秀：《中国城市群功能分工测度与分析》，《中国工业经济》2012年第11期。

[99] 郑斌：《中国城市群环境合作机制构建研究》，博士学位论文，中国海洋大学，2008。

[100] 钟双双：《武汉城市圈中小企业融资机制研究》，硕士学位论文，中南民族大学，2010。

[101] 周克昊、刘艳芳、谭荣辉：《长江中游城市群综合发展水平时空分异研究》，《长江流域资源与环境》2014年第11期。

[102] 周立群、夏良科：《区域经济一体化的测度与比较：来自京津冀、长三角和珠三角的证据》，《江海学刊》2010年第4期。

[103] 周沂、沈昊婧、贺灿飞：《武汉城市群经济整合及其影响因素》，《经济地理》2013年第2期。

[104] 朱胜清、曹卫东、罗健：《中部四大城市群（圈）外商直接投资的时空演化与竞争格局》，《资源开发与市场》2012年第11期。

[105] 朱子明、郁鸿胜：《长三角核心城市群经济竞争力评价研究》，《生态经济》2013年第12期。

[106] Balassa, B., "Towards A Theory of Economic Integration", *Kyklos* 14 (1), 1961.

[107] Chenery, H. B., Syrquin, M, Elkington, H., *Patterns of Development*, 1950 – 1970 (New York: Oxford University Press for the World Bank, 1975).

[108] Fang, C. L., "Progress and the Future Direction of Research into Urban Agglomeration in China", *Acta Geographica Sinica* 69 (8), 2014.

[109] Friedman, J. R., *Regional Development Policy: A Case Study of Venezuela* (Cambridge: MIT Press, 1966).

[110] Haberler, G., *Der Internationale Handel: Repr.* ([d. Ausg. von] 1933) (Springer, 1970).

[111] Hoffmann, W. G., *Stages and Types of Industrialization* (Manchester University Press, 1958).

[112] Hoover, E. M., Fisher, J. L., *Research in Regional EconomicGgrowth// Problems in the Study of Economic Growth* (NBER, 1949).

[113] Rostow, W. W., The Stages of Economic Growth: A Non-communist Manifesto (Cambridge University Press, 1990).

[114] Thirlwall, A. P., "A Measure of the 'Proper Distribution of Industry'", *Oxford Economic Papers* 19 (1), 1967.

[115] Tinbergen, J., *International Economic Integration*, Elsevier, 1954.

[116] Williamson, J. G., "Regional Inequality and the Process of National Development: A Description of the Patterns", *Economic Development and Cultural Change*, 1965.

附 录

附录 1-1 江西省 41 个工业小类比重

	2012 年	2013 年	2014 年
06 煤炭开采和洗选业	0.0091	0.006897	0.00592
07 石油和天然气开采业	0	0	0
08 黑色金属矿采选业	0.0086	0.007523	0.006774
09 有色金属矿采选业	0.0161	0.014403	0.013497
10 非金属矿采选业	0.0051	0.006401	0.007395
11 开采辅助活动	0	0	0
12 其他采矿业	0	0	0
13 农副食品加工业	0.0516	0.053476	0.055867
14 食品制造业	0.0159	0.015871	0.016138
15 酒、饮料和精制茶制造业	0.0098	0.009869	0.010144
16 烟草制品业	0.0061	0.00583	0.005837
17 纺织业	0.0283	0.029535	0.032475
18 纺织服装、服饰业	0.0336	0.036626	0.040314
19 皮革、毛皮、羽毛及其制品和制鞋业	0.015	0.015645	0.01657
20 木材加工和木、竹、藤、棕、草制品业	0.0144	0.013505	0.012774

续表

	2012 年	2013 年	2014 年
21 家具制造业	0.0052	0.004883	0.005795
22 造纸和纸制品业	0.0117	0.010211	0.010056
23 印刷和记录媒介复制业	0.0057	0.008871	0.009787
24 文教、工美、体育和娱乐用品制造业	0.0127	0.016125	0.015321
25 石油加工、炼焦和核燃料加工业	0.0231	0.020695	0.017821
26 化学原料和化学制品制造业	0.0845	0.072413	0.072541
27 医药制造业	0.0341	0.032788	0.033349
28 化学纤维制造业	0.003	0.002825	0.002534
29 橡胶和塑料制品业	0.0182	0.018092	0.018793
30 非金属矿物制品业	0.0762	0.077597	0.080714
31 黑色金属冶炼和压延加工业	0.0561	0.052134	0.04637
32 有色金属冶炼和压延加工业	0.2123	0.209334	0.201313
33 金属制品业	0.0185	0.019314	0.021771
34 通用设备制造业	0.019	0.021248	0.021328
35 专用设备制造业	0.0135	0.014287	0.014736
36 汽车制造业	0.0318	0.033376	0.035489
37 铁路、船舶、航空航天和其他运输设备制造业	0.0115	0.011169	0.004934
38 电气机械和器材制造业	0.0644	0.074728	0.077709
39 计算机、通信和其他电子设备制造业	0.0329	0.033874	0.037696
40 仪器仪表制造业	0.0036	0.003317	0.003336
41 其他制造业	0.0017	0.00168	0.001998
42 废弃资源综合利用业	0.0024	0.003009	0.003967
43 金属制品、机械和设备修理业	0.0001	2.91E-05	2.36E-05
44 电力、热力生产和供应业	0.041	0.038874	0.035001
45 燃气生产和供应业	0.0019	0.002123	0.002342
46 水的生产和供应业	0.0014	0.001423	0.001571
总数	1	1	1

资料来源：国研网工业统计数据库。

附录 1-2 湖北省工业小类比重

	2012 年	2013 年	2014 年
06 煤炭开采和洗选业	0.00267	0.002673	0.002929
07 石油和天然气开采业	0.002681	0.002191	0.001865
08 黑色金属矿采选业	0.011256	0.011205	0.010202
09 有色金属矿采选业	0.002714	0.002146	0.001194
10 非金属矿采选业	0.011863	0.012678	0.012837
11 开采辅助活动	0.006461	0.003051	0.001805
12 其他采矿业	$2.19E-05$	$3.27E-05$	$2.47E-05$
13 农副食品加工业	0.096414	0.101304	0.105951
14 食品制造业	0.021009	0.021189	0.022897
15 酒、饮料和精制茶制造业	0.03027	0.032503	0.034282
16 烟草制品业	0.014303	0.012942	0.013733
17 纺织业	0.049813	0.050155	0.052829
18 纺织服装、服饰业	0.020643	0.021122	0.021274
19 皮革、毛皮、羽毛及其制品和制鞋业	0.002542	0.003014	0.004
20 木材加工和木、竹、藤、棕、草制品业	0.008104	0.009029	0.009566
21 家具制造业	0.00234	0.002912	0.003394
22 造纸和纸制品业	0.013325	0.012977	0.011857
23 印刷和记录媒介复制业	0.004803	0.004772	0.007265
24 文教、工美、体育和娱乐用品制造业	0.002481	0.002775	0.00333
25 石油加工、炼焦和核燃料加工业	0.023305	0.022114	0.022001
26 化学原料和化学制品制造业	0.087828	0.087589	0.092026
27 医药制造业	0.021493	0.022158	0.02341
28 化学纤维制造业	0.002598	0.002334	0.001969
29 橡胶和塑料制品业	0.021985	0.023792	0.025665
30 非金属矿物制品业	0.05688	0.06371	0.067969
31 黑色金属冶炼和压延加工业	0.109052	0.0927	0.066118
32 有色金属冶炼和压延加工业	0.03786	0.038881	0.038059
33 金属制品业	0.028583	0.031303	0.031398
34 通用设备制造业	0.024705	0.027888	0.028523

续表

	2012 年	2013 年	2014 年
35 专用设备制造业	0.018324	0.020622	0.023022
36 汽车制造业	0.116317	0.119854	0.1208
37 铁路、船舶、航空航天和其他运输设备制造业	0.014903	0.014108	0.008837
38 电气机械和器材制造业	0.031374	0.037258	0.039663
39 计算机、通信和其他电子设备制造业	0.029902	0.033761	0.037144
40 仪器仪表制造业	0.002507	0.002768	0.003093
41 其他制造业	0.003353	0.003342	0.002554
42 废弃资源综合利用业	0.002859	0.002459	0.003137
43 金属制品、机械和设备修理业	0.00129	0.00084	0.000887
44 电力、热力生产和供应业	0.057698	0.040018	0.038092
45 燃气生产和供应业	0.00249	0.002706	0.003126
46 水的生产和供应业	0.000979	0.001122	0.001273
总数	1	1	1

资料来源：国研网工业统计数据库。

附录 1-3 湖南省工业小类比重

	2012 年	2013 年	2014 年
06 煤炭开采和洗选业	0.033772	0.027425	0.021644
07 石油和天然气开采业	0	0	0
08 黑色金属矿采选业	0.006214	0.006168	0.005233
09 有色金属矿采选业	0.01748	0.015526	0.014484
10 非金属矿采选业	0.011106	0.010636	0.01064
11 开采辅助活动	0	2.01E-05	0
12 其他采矿业	2.9E-05	8.52E-05	6.77E-05
13 农副食品加工业	0.076236	0.075581	0.076969
14 食品制造业	0.023061	0.024385	0.025288
15 酒、饮料和精制茶制造业	0.016412	0.016563	0.016613
16 烟草制品业	0.025742	0.024624	0.024509
17 纺织业	0.018319	0.017892	0.01758

续表

	2012 年	2013 年	2014 年
18 纺织服装、服饰业	0.007803	0.008194	0.00821
19 皮革、毛皮、羽毛及其制品和制鞋业	0.010077	0.010696	0.011425
20 木材加工和木、竹、藤、棕、草制品业	0.019449	0.019487	0.019239
21 家具制造业	0.007077	0.00719	0.007582
22 造纸和纸制品业	0.020149	0.019695	0.018688
23 印刷和记录媒介复制业	0.006008	0.00782	0.009835
24 文教、工美、体育和娱乐用品制造业	0.004772	0.004781	0.007551
25 石油加工、炼焦和核燃料加工业	0.028652	0.026057	0.020824
26 化学原料和化学制品制造业	0.082693	0.081619	0.082734
27 医药制造业	0.019595	0.020723	0.023094
28 化学纤维制造业	0.001223	0.000942	0.000841
29 橡胶和塑料制品业	0.016641	0.016641	0.015934
30 非金属矿物制品业	0.06477	0.071906	0.075621
31 黑色金属冶炼和压延加工业	0.057043	0.050844	0.048083
32 有色金属冶炼和压延加工业	0.084501	0.085706	0.083102
33 金属制品业	0.02496	0.026573	0.026875
34 通用设备制造业	0.038113	0.040059	0.041297
35 专用设备制造业	0.094141	0.080922	0.078581
36 汽车制造业	0.02535	0.030281	0.031217
37 铁路、船舶、航空航天和其他运输设备制造业	0.020742	0.021874	0.02307
38 电气机械和器材制造业	0.036834	0.039546	0.042751
39 计算机、通信和其他电子设备制造业	0.037355	0.046299	0.048744
40 仪器仪表制造业	0.006409	0.006652	0.007566
41 其他制造业	0.003535	0.003772	0.004179
42 废弃资源综合利用业	0.0045	0.004708	0.004365
43 金属制品、机械和设备修理业	0.000285	0.000309	0.000175
44 电力、热力生产和供应业	0.043955	0.042703	0.040137
45 燃气生产和供应业	0.002988	0.002971	0.003323
46 水的生产和供应业	0.002009	0.002129	0.001929
总数	1	1	1

资料来源：国研网工业统计数据库。

后　记

本书以长江经济带国家战略为宏观背景，以将长江中游城市群打造成为中部地区崛起新支撑为目标引领，以江西省实现"科学发展、绿色崛起"为现实基础，在深入研究长江中游城市群一体化所处阶段、面临问题的基础上，探讨江西省融入长江中游城市群一体化的路径与措施，以期进一步丰富城市群一体化相关理论，为江西省经济社会更好更快发展提供参考。

本书得到江西省经济社会重大招标项目资助，也是南昌大学经济管理学院区域·生态·计量模拟实验室团队合作成果。李汝资负责制定整体研究框架及进度，刘耀彬教授负责重点研究思路设计，南昌大学经济管理学院硕士研究生喻群、黄梦圆主要负责材料与数据收集、定量分析。本书具体撰写章节分工如下：李汝资（第一、二、五、八章），喻群（第三、四章），黄梦圆（第六、七章）。李汝资负责全书修改与定稿工作。对以上人员的辛苦付出表示感谢！同时，对南昌大学经济管理学院博士研究生戴璐、袁华锡等同学的奉献表示感谢！

本书完稿离不开相关领域重要研究成果的支持，在此对相关学者表示衷心感谢！

后　记

最后，感谢南昌大学一流学科平台经费资助，感谢南昌大学经济管理学院领导与同事的支持，更要感谢社会科学文献出版社对本书出版所做出的重要努力与贡献。在此，由衷地向你们表示感谢！

当然，限于作者研究水平与视野，本书缺点与疏漏之处在所难免，希望本书读者与同行能给予宝贵意见。

李汝资　刘耀彬
2017 年 8 月 31 日

图书在版编目(CIP)数据

长江中游城市群一体化及江西省融入路径研究：基于赣鄂湘发展战略比较视角/李汝资,刘耀彬著. -- 北京：社会科学文献出版社,2017.12
　(长江经济带研究论丛)
　ISBN 978 - 7 - 5201 - 1759 - 3

　Ⅰ.①长… Ⅱ.①李… ②刘… Ⅲ.①区域经济发展 - 经济发展战略 - 对比研究 - 江西、湖北、湖南　Ⅳ.①F127.56②F127.63③F127.64

中国版本图书馆CIP数据核字(2017)第273328号

长江经济带研究论丛
长江中游城市群一体化及江西省融入路径研究
——基于赣鄂湘发展战略比较视角

著　　者／李汝资　刘耀彬

出 版 人／谢寿光
项目统筹／高　雁
责任编辑／颜林柯　李吉环

出　　版／社会科学文献出版社·经济与管理分社（010）59367226
　　　　　　地址：北京市北三环中路甲29号院华龙大厦　邮编：100029
　　　　　　网址：www.ssap.com.cn
发　　行／市场营销中心（010）59367081　59367018
印　　装／三河市尚艺印装有限公司

规　　格／开　本：787mm × 1092mm　1/16
　　　　　　印　张：11.75　字　数：163千字
版　　次／2017年12月第1版　2017年12月第1次印刷
书　　号／ISBN 978 - 7 - 5201 - 1759 - 3
定　　价／75.00元

本书如有印装质量问题，请与读者服务中心（010 - 59367028）联系

▲ 版权所有 翻印必究